수영기법

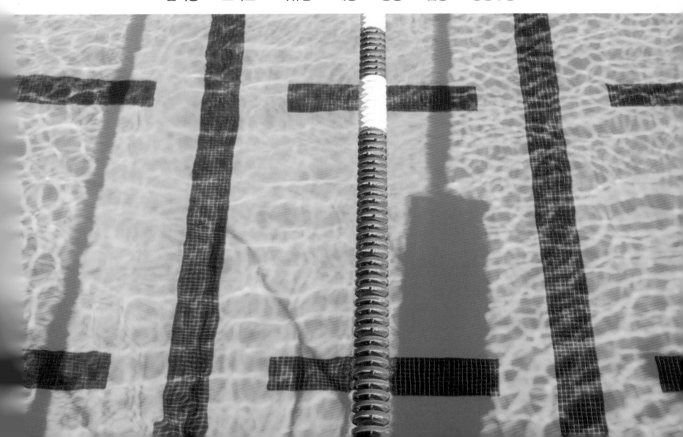

물 | 적 | 응

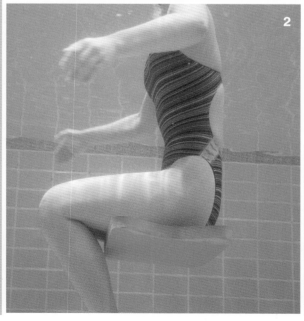

1 새우등 뜨기

2 킥판 걸터앉기

3 수모 착용

4 오리발 착용

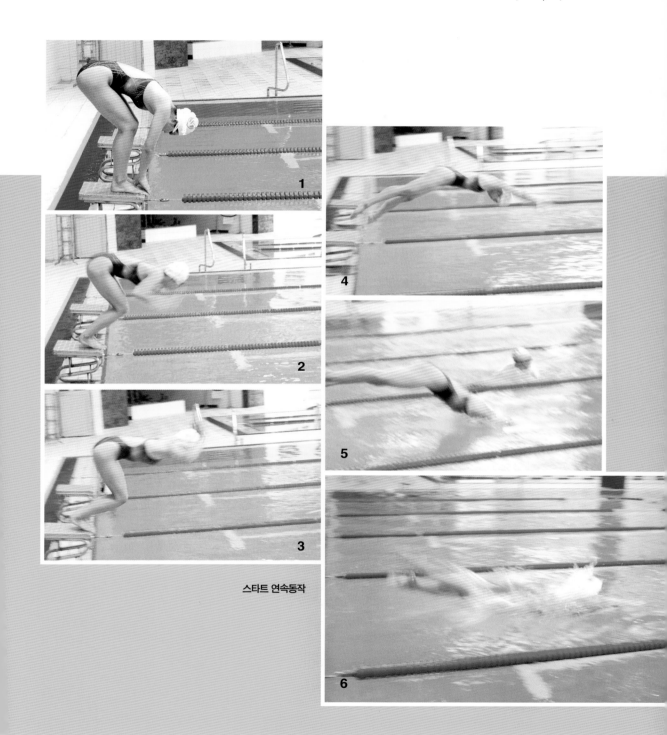

스타트 연속동작

자 | 유 | 형

평 | 영

평영 발차기의 정확한 자세

지상에서의 접영 풀 동작 연습

응 ┃ 용 ┃ 수 ┃ 영

◀ 아쿠아로빅

▲ 유아수영

◀ 횡영

수영 100% 즐기기

김종만 지음

가림출판사

지 난 10여 년간 현장에서 수영코치로서 활동하면서 얻은 산 지식을 여러 사람들과 공유하고자 개설한 전문 수영 커뮤니티 사이트인 '스윔닥터'는 3년이란 기간 동안 많은 호응을 받으며 발전해 왔습니다.

많은 수영인들이 '스윔닥터'를 통해 수영에 관한 궁금증을 해소하고 있지만 한편으로는 보다 다양하고 전문적인 교육자료를 원하고 있음을 깨닫게 되면서 한층 더 책임감과 사명감을 느끼게 되었습니다.

처음 수영에 관한 집필 제의를 받았을 때는 많이 망설였지만 제가 그 동안 경험한 수영교습의 현장경험을 진술하게 담아낸다면 수영인들에게 조금이나마 도움이 될 수 있을 것이라 생각하여 용기를 내어 어렵게 결심을 하고 1년 이상 열심히 준비하여 이렇게 결실을 맺게 되었습니다.

이 책에서 저는 영법뿐만 아니라 수영용품, 건강 등 수영을 하면서 가질 수 있는 여러 가지 궁금증을 Q&A 형식으로 일러스트와 사진을 곁들여 자세히 설명하고자 하였습니다. '스윔닥터'를 운영하며 얻게 된 가장 빈도수가 높은 질문들을 근거자료로 활용하였기에 수영인들의 궁금증을 충분히 해소시킬 수 있는 책이라 생각합니다.

이 책은 다른 책들처럼 처음부터 순차적으로 읽어나갈 필요는 없습니다. 수영을 즐기면서 궁금한 사항이 생기면 그때 그때 차례를 보고 찾아서 궁금증을 해결할 수 있도록 한 소장가치가 있는 책입니다. 수영을 배우는 초ㆍ중ㆍ상급자 외에 수영을 지도하는 수영강사들에게 이르기까지 많은 도움이 되었으면 하는 바람입니다.

이 책이 나오기까지 많은 도움을 주신 레포츠365의 홍승표 님, '스윔닥터' 사이트에 많은 관심을 가져주신 스윔닥터 회원님들, 그리고 가림출판사 여러분께 감사드립니다.

직장을 다니면서도 헌신적으로 묵묵히 뒷바라지 해준 아내와 사랑하는 딸 소라에게 이 책을 바칩니다.

스윔닥터 김정미

차 례

C O N T E N T S

Chapter 6 | 배 영

Chapter 7 | 평 영

Chapter 8 | 접영

Chapter 9 | 스타트와 턴

Chapter 10 | 응용수영

Chapter 11 | 훈련방법

부 록

SWIMMING

수영 상식과 물 적응하기

Q 우리나라의 수영은 언제부터 발전해 왔나요?

A 우리나라는 삼면이 바다로 덮여 있고, 하천이나 호수 등을 이용하여 주거환경이 형성되어져 있어 고대시대부터 환경요소에서 물과 접촉할 기회가 많아 당연히 수중에서의 활동을 익혔을 것이며, 특히 생존을 위해 필연적으로 물과 친숙해져 생존수영이 이루어졌으리라 판단됩니다.

- 갑오경장이후 1898년 7월 14일 무관학교 칙령에서 근거 유영 훈련을 실시한 것이 우리나라 첫 공식 기록으로 알려져 있습니다.
- 1929년 9월 1일 동아일보사 주최로 제1회 전 조선 수영대회를 경성제대 수영장에서 개최하면서 수영의 본격적인 장을 열게 되었습니다.
- 1934년 동대문운동장 수영장이 건설되어 최초의 국제규격 수영장을 갖게 되었습니다. 경영 풀과 다이빙 풀, 어린이전용 수영장으로 구분하여 우리나라 수영발전의 산실이 되었고, 당시에도 정수기가 있어 다이빙대 밑에 기계실이 설치되어 있었습니다.
- 1946년에 조선수상경기연맹으로 재 발족하였으며 그것이 지금의 대한수영연맹의 전신입니다.
- 1952년 국제수영연맹(FINA)에 정식 가입해 국제사회로 진출하게 되었으며, 1958년 동경 아시안 게임은 우리나라가 처음 출전한 국제 경기입니다.
- 1970년 제6회 방콕 아시안게임에서 조오련 선수가 금메달을 따면서 그 진가를 발휘해 우리나라에 수영 붐이 본격적으로 일기 시작하였으며 스포츠센터 건립도 이때 함께 붐이 일어나기 시작했습니다.
- 1971년 태능에 국제규모의 실내수영장이 개장되면서 수영이 일반인들에게도 전수

되기 시작하였는데 당시 수영을 배우고자 하는 사람은 서민이 아닌 상류층으로 수영은 특수층이나 하는 꿈의 운동이었습니다.

- 1971년 용산(이촌동) 로얄실내수영장이 스포츠센터로서는 처음 수영장, 헬스, 에어로빅을 갖춘 종합스포츠센터로 개관하면서 우리나라 스포츠센터가 활성화되기 시작하였습니다.

우리나라의 생활체육이 발달한 시기는 1980년대로 아시안게임과 올림픽 이후부터 생활체육이 널리 대중화되었으며, 1990년대 초반부터 수영장이 급속도로 건립되어 현재는 800여 개의 수영장이 있어 누구나 쉽게 할 수 있는 대중스포츠로서의 자리를 차지하게 되었습니다.

Q 수영의 경기 종목에는 어떤 것들이 있나요?

A 수영이라 하면 흔히 자유형·배영·평영·접영의 영법을 말하는데, 크게 구분하자면 4가지 영법인 경영이 있고 다이빙·수구·싱크로나이즈드 스위밍, 이렇게 4가지로 구분할 수 있습니다.

경영(Swimming)은 빠르게 헤엄을 쳐 겨루는 경기이며, 영법에는 자유형(크롤)·배영·평영·접영의 4가지가 있고, 종목에는 개인혼영·혼계영·계영이 있습니다.

다이빙(Diving)은 물 속으로 뛰어드는 동작의 기술과 미를 겨루는 수상경기로, 하이다이빙과 스프링보드다이빙으로 나뉩니다. 하이다이빙은 5m, 7.5m, 10m의 고정된 플랫폼에서 아름다움을 겨루는 경기이고, 스프링보드다이빙은 1m, 3m의 높이에서 보드의 탄력성을 이용하여 우아하고 난이도 높은 연기를 연출해 내는 경기입니다.

수구(Water Polo)는 물 속에서 핸드볼을 하듯 골을 넣는 단체 구기운동입니다. 1876년 영국에서 발생하여 그 후 유럽에 전파되었으며, 헝가리는 국기로 삼고 있습니다. 우리나라는 8·15광복 후에 전해졌으나 활성화되지 못하고 있습니다. 길이 30m, 너비 20m, 수심 1.8m의 구획을 가진 수영장에서 각 7명으로 된 2개 팀 사이에서 공을 상대편 골에 넣어서 득점을 겨루는 경기입니다.

싱크로 수영 간판 장윤경

 싱크로나이즈드 스위밍(Synchronized Swimming)을 우리말로 번역하면 동조수영(同調水泳)이라 하며 일반적으로 "싱크로"라 부릅니다. 음악에 맞추어 헤엄치며 기술과 아름다움을 겨루는 경기입니다. 이 경기는 유럽에서는 '아티스틱 스위밍'이라 불리기도 하는데 물 속에서 하는 매스게임으로서 독일, 영국 등을 발생지로 보고 있습니다.

03

Q

어떻게 하면 수영을 잘할 수 있을까요?

A

　이 질문은 수영전문사이트 「스윔닥터」를 운영하면서 가장 많았던 질문으로써 필자로서도 답변하기가 가장 쉽고도 어려운 질문이었습니다.

　수영을 처음 시작할 때는 막연히 잘 할 수 있을 것이라는 기대감으로 시작하지만, 막상 물에 적응도 안 된 상태에서 수영을 하려다 보면, 마음대로 안 되는 것이 수영입니다. 일단 수영은 지상에서 하는 운동과는 달리 물에서 하는 운동이라 아무리 운동신경이 좋고, 운동을 잘 한다고 해도 금방 터득할 수 있는 것은 아닙니다. 운동신경과는 상관없이 물과 하나가 될 수 있는 물과의 친근감이 있어야 합니다. 사람은 태어나기 전부터 엄마뱃속에서 물과 밀접한 관계를 갖고 있지만 어떤 이는 좋지 않은 경험으로 또 어떤 이는 선천적으로 물에 대한 두려움을 갖고 있어 쉽게 수영을 배우지 못하는 사람들도 많이 있습니다.

　수영을 잘 하기 위해서는 운동신경이 좋든 나쁘든 적어도 1년간은 꾸준히 물을 접하며 물의 원리를 이해하고 피부로 느끼며 동작을 익혀 나가야 합니다. 물론 몇 개월 안 되어 수영을 터득하는 사람도 있지만 일반적으로 1년이란 기간 동안 얼마나 자주 물을 접하고 물에 대해 전반적으로 이해하며 몸으로 느끼며 동작을 취하느냐가 관건이라 하겠습니다.

수영을 힘들게 하는 사람들은 대부분 물에 대한 원리를 이해하지 못하고 필요 이상의 힘을 소모하므로 쉽게 지쳐 속도를 낼 수 없게 되는 것입니다. 물과 친숙해지고 물의 원리를 이해하여 몸으로 느끼다보면 누구나, 심지어 몸이 불편한 장애우들도 수영을 잘 할 수 있습니다.

Q **엘리트수영은 몇 살부터 시작하는 것이 좋을까요?**

A 우리나라는 교육열이 높아 어릴 때부터 자녀교육에 대단히 적극적이며, 운동 또한 마찬가지라 생각합니다. 요즘은 유아수영, 자모수영을 운영하는 곳이 많이 있어 3~4세의 유아들이 수영하는 모습을 종종 볼 수 있습니다.

어린 나이에 물을 접하고 적응하게 되면 물과 친숙해져 물에 대한 공포심이 없게 되고, 자신감도 가질 수 있으며, 또래 아이들과 어울려 물 속에서 놀다보면 성장발육에도 많은 도움이 됩니다. 하지만 엘리트선수로 육성하려는 부모나 지도자의 욕심 때문에 어렸을 때부터 3~4시간 이상 오전부터 오후까지 혹한 훈련을 시키는 경우도 많습니다. 취미생활로 가르치면 문제가 되지 않지만 너무 어린아이에게 강압적으로 혹독한 훈련을 시키는 것은 부정적인 결과를 가져올 수 있습니다.

우리나라 수영선수들을 보면, 그 생명력이 극히 짧습니다. 외국 선수들의 경우에는 20대 후반에도 아주 유명하고 훌륭한 선수가 많이 있으나, 우리나라의 경우는 20대만 넘어가면 생명력을 잃는 경우가 허다합니다. 그것은 아마도 대부분의 선수들이 자신의 욕구에 의해 수영을 하기보다는 지도자와 부모의 열정에 끌려 대부분 수동적으로 하게 되는 경우가 많고 너무 어렸을 적부터 혹한 훈련으로 수영에 대한 강박관념을 갖게 되기 때문이라고 생각됩니다.

　그래서 필자가 생각하기에는 수영은 빨리 시작하면 시작할수록 좋겠지만 엘리트 목적보다는 취미생활로 하며, 초등학교 5,6학년 정도나 그 이상이 되어 본격적인 선수트레이닝을 시키는 것이 우리나라 수영문화를 발전시키고 엘리트선수를 육성하는데 도움이 되리라 생각합니다.

05

사람이 어떻게 물에서 뜰 수 있는 것일까요?

사람은 물에서 뜰 수 있기에 수영을 즐길 수가 있습니다. 먼저 부력에 대해서 알아보면, 아르키메데스의 부력의 원리에 따르면 어떤 물체이든 물에 잠기게 되면 그 물체의 부피에 상당하는 물의 무게만큼 부력을 받게됩니다. 즉 물과 같은 유체 속에 있는 물체를 그 압력 차에 따라 중력이 있음에도 불구하고 밀어 올리려는 유체의 힘이 부력입니다. 부력에는 양성부력 · 중성부력 · 음성부력이 있는데, 양성부력은 수면에 계속적으로 떠 있는 상태를 말하고, 중성부력은 물 속에 떠 있지도 않고 가라앉지도 않는 상태를 말하며, 음성부력은 완전히 가라앉는 상태를 말합니다.

사람은 위와 같은 부력을 이용해 가라앉을 수도 있고 뜰 수도 있답니다. 하지만 물에 적응이 안 된 초보자의 경우는 뜨기도 쉽지 않으며 가라앉기도 쉽지 않습니다.

사람의 몸은 물보다 비중이 낮아 뜰 수가 있습니다. 사람의 각기 다른 체질로 조금씩 차이가 나서 완전히 수면에 뜨는 사람도 있고, 조금 떴다가 가라앉는 사람도 있으며 아무리 힘을 빼더라도 수중에 가라앉는 사람이 있습니다. 이는 사람의 몸에 분포하는 뼈의 무게, 지방량, 근육량, 공기의 흡입 정도 등등 사람의 체질에 따라 다르게 나타납니다.

결론을 말씀드리자면, 사람은 물에서 뜰 수도 있고, 가라앉을 수도 있습니다. 이를 자유자재로 하기 위해서는 날숨, 들숨을 편히 자유롭게 해야 하며 물에 잘 적응하면 필요이상의 힘을 쓰지 않고 수영을 즐길 수 있는 것입니다.

양성부력

중성부력

음성부력

06

초보자들이 물 속에서 적응력을 기르기 위해서는 어떻게 해야 할까요?

  수영을 잘하면 물에서 할 수 있는 놀이가 많지만 아직 물에 적응이 안 된 초보자인 경우는 물 속에서 할 수 있는 놀이가 적겠지요!

  초보자들이 물에 쉽게 적응하기 위해서는 물에서 걷고, 뛰며 친숙감을 가져야 합니다. 물 속에서 할 수 있는 몇 가지 자세에 대해 알아보겠습니다.

수평 뜨기 양팔을 귀에 붙여 곧게 뻗고 유선형 자세를 만들며 시선은 바닥을 향해 수평뜨기 자세를 한다.

바닥에 엎드리기 공기를 내뿜으며 배가 바닥에 닿을
정도로 가라 앉는 연습을 한다.

해파리 뜨기 양 손, 양 발을 늘어뜨려 무릎을 구부리고 등을
띄운다.

지도자와 함께 하는 해파리 뜨기 자세 윗 등이 수면 위로 떠 있음을 알 수 있다.

새우등 뜨기 양 손으로 무릎을 잡아 가슴에 붙이고 상체를 띄운다.

"ㄱ"자 뜨기 풀 벽을 잡아 상체만 수평을 유지한 채 띄워준다.

수중에서 눈뜨기 수중에서 눈을 뜨는 연습을 통해 공포심을 없앤다.

킥판을 배에 놓고 뜨기 킥판을 배에 올려 놓고 수평뜨기를 한다.

킥판 걸터앉기 킥판을 엉덩이에 놓고 걸터앉아 몸의 균형감각을 익힌다.

SWIMMING

수영과 건강

수영을 하면 머리가 아파요

이 문제는 수영초보자들에게 자주 듣는 질문이며 이로 인해 수영을 포기하는 분들도 많이 있습니다.

평상시에는 이상이 없다가 수영만 하면 머리가 아픈 것은 처음 배우는 초보자에게 더러 있는 경우이지요. 물 속에서 하는 운동이라 산소의 공급이 원활히 이루어지지 않아 머리가 아플 수도 있으며 물을 무서워하는 강박감에 자신도 모르게 목 주변에 힘을 너무 많이 주어 머리로 올라가는 혈류를 방해하여 머리통증을 느낄 수 있습니다.

결론적으로 목의 근육, 특히 승모근 · 흉쇄유돌근 · 후경근 등의 일시적 무리에 의한 병적 뭉침현상(의학적으로는 통증 유발점에 의한 근막통증후군이라고 함)이 나타난 경우입니다. 이들 목의 근육 뭉침은 통증으로 발현되며, 놀라운 것은 이러한 통증부위는 대부분 병변부위와 거리상으로 멀리 떨어진 두통으로 나타난다는 것입니다.

수영의 자세적인 특성에 근거해 살펴보면,
▪ 초보자들의 발차기 연습 중 두 팔을 쭉 뻗어 귀에 붙히는 자세는 양측 승모근 상부를 병들게 하여 주로 측두통을 일으킵니다.

- 배영 연습 시 물을 안 먹으려고 머리를 약간 들기 위해 앞쪽 목에 너무 힘을 주게되면 양측 흉쇄유돌근이 문제가 되어 그 증상으로 전두통, 정수리통증, 어지럼증, 오심(토할 것 같은 증세), 머리전체가 띵한 것 같은 느낌, 안면통 등을 유발시킵니다.
- 평영 연습 시에는 뒷목근육줄기(후경근)가 과도하게 수축될 수 있고, 진행되어 병들게 되면 후경부통, 후두통, 측두통 등이 유발될 수 있습니다.

스스로 어느 근육이 문제인지 점검해 보고 근육을 풀어 주는 것(마사지, 스트레칭으로)이 좋습니다. 혼자서 불가능하다면 가까운 재활의학과나 근막통증후군전문치료기관에 문의하시면 도움이 될 것입니다.

「위 답변은 스윔닥터 수영사이트 회원 남명호 님의 글 내용을 참조한 것입니다.」

귀에 들어간 물이 빠지지 않아요

수영하다 귀에 물이 들어가는 것은 당연합니다. 그렇다고 손가락으로 후비거나 딱딱한 물체로 귀를 후벼서는 안 됩니다. 젖은 상태에서 귀를 후비면 염증이 생길 수 있습니다. 또한 귀에 물이 들어가는 것이 불편하여 귀마개를 착용하다 보면 나중에 귀마개 없이는 수영을 할 수 없게 됩니다. 그러니 처음부터 귀마개를 착용하지 않는 것이 좋습니다.

그럼 수영을 하다 귀에 물이 들어가서 빠지지 않을 때 빼내는 방법 몇 가지를 알려드리겠습니다.

첫째, 귀에 들어간 물은 자연히 빠지고 또 체온에 의해 건조되지만, 잘 안 빠질 경우 좌우로 기울여 흔들어 주면 빠집니다.

둘째, 부드러운 휴지를 이용하여 얇게 말아서 살짝 집어넣으면 휴지에 물이 쏘옥 스며듭니다.

셋째, 중이도에 있는 솜털 등에 의해 표면장력이 생겨 잘 빠지지 않을 경우 안약병 같은 용기에 식초 또는 알코올(없을 때는 소주)을 한두 방울 탄 물을 담아서 귀에 다시 넣은 후 물이 빠지도록 머리를 기울여 보십시오. 소독도 되고 물도 잘 빠질 것입니다.

Q 비염, 중이염 증세가 있는데 수영을 해도 괜찮을까요?

A 증세의 정도에 따라 비염이나 중이염이 있는 분들도 수영을 하실 수 있습니다.

염증의 악화에 따른 위험성을 느끼신다면 마음 편하게 수영을 안 하시는 것이 좋겠지만, 증세의 심각성이 적고, 수영에 대한 열정이 남다르다면 수영을 해도 크게 지장은 없으리라 판단됩니다. 주변사람들의 간접경험에 의하면 비염의 증세가 있어도 계속 오랜 시간 수영을 하다보면 나중에는 큰 어려움이 없다는 것을 스스로 느끼게 된다고 합니다. 그러나 처음 물을 접하는 초급자들에게는 코로 물이 들어가는 자체만으로도 괴로워서 쉽게 포기할 수 있습니다.

「 일단 수영이 비염에 미치는 영향은 별로 없다고 생각하시면 됩니다.

비염의 원인은 여러 가지이나 알레르기 비염 등 특별한 원인을 가지고 있는 경우를 제외하고는 대개가 코 안이 너무 건조해서 생기는 것으로 수영 자체가 비염의 발생과는 별 상관이 없으며 대신 수영 후 몸을 씻고 나서 감기에 걸리지 않도록 주의하시는 정도면 될 것 같습니다. 그러나 비염이 아주 심한 정도에는 수영장물이 코에 조금 자극이 될 수는 있지만 수영 후 식염수 등으로 코 안을 세척해 주시면 별 문제가 되지 않습니다.

고막에 천공이 있는 만성 중이염의 경우는 수영을 하시면 안 됩니다. 하지만 일반적으로 아이들에게 생기는 삼출성 중이염의 경우는 외부에서 물이 들어가는 것과는 무관하니 걱정하지 않아도 됩니다. 마찬가지로 감기에 걸리지 않도록 주의하면 될 것이며 오히려 외이도염이나 고막염이 있는 경우에는 수영을 피하도록 하셔야 합니다. 」

환스 이비인후과 김환재 원장

04

Q **A**

수영을 하면 어깨가 넓어지나요?

　성장기에 있는 초 · 중 · 고생의 경우 수영을 하면 골격자체가 커지게 되며 많이 사용하는 어깨 골격이 발달할 수 있습니다. 하지만 성장기가 끝난 성인의 경우는 특히 어깨를 많이 쓰는 영법으로 집중적으로 오랜 시간 수영을 하면 근육이 붙어 크게 보일 수는 있으나 골격자체가 커지는 것은 아닙니다. 수영은 뻗어주는 운동과 가슴을 펴주는 운동을 반복하기 때문에 가슴이 펴져 미관상으로 어깨가 넓어져 보일 수 있습니다.

　이런 의문점이 있어 필자는 수영회원을 통해 직접 구두로 설문조사를 실시해 보았습니다. 최소 3년 이상의 경력이 있는 30~50대 주부 마스터, 연수반 50명을 대상으로 실시하였습니다. 이들은 수영을 최소 주 3회 이상 꾸준히 하고 있으며, 웨이트 트레이닝 경험이 전혀 없는 분들입니다.

조사 결과

1 수영을 시작하고 난 후 어깨가 확연히 달라지게 넓어졌다.

➡ 50명 중 7명이 그렇다고 답변하였습니다.(14%)

2 수영을 시작하고 난 후 어깨가 조금 넓어 보인다.

➡ 50명 중 13명이 그렇다고 답변하였습니다.(26%)

3 아무 차이를 못 느낀다.

➡ 50명 중 30명이 그렇다고 답변하였습니다.(60%)

구두로 실시한 설문조사였지만, 이들은 필자가 오랫동안 지켜 보아온 회원들이기 때문에 신빙성은 있다고 생각합니다. 물론 정확한 수치를 재고 이들의 운동습관 또는 운동방법의 차이까지 면밀히 연구하고 그에 따른 자료가 뒷받침된다면 더욱 정확한 답변이 될 수 있겠지요.

정리를 하자면, 오랜 기간 운동하는 습관이나 자세, 운동량에 따라 다를 수 있지만 수영은 어깨를 많이 쓰는 운동이라 어깨 주변근육의 발달로 어깨가 넓어진 것처럼 보일 수는 있으나, 성장기가 지난 성인의 경우에는 수영을 한다고 해서 어깨 자체가 넓어지는 것은 아닙니다.

수영을 하면서 어깨 통증이 심해져 수영하기가 힘들어요

수영을 할 때 어깨통증을 호소하는 분들이 많이 있습니다. 자유형과 접영은 특히 어깨를 많이 쓰는 운동이기 때문에 부드럽게 움직이면서 되돌리기를 해야 하는데 그렇지 못하고 한꺼번에 많은 힘을 가하게 되면 근육이 일시적으로 수축하여 흔히 일어날 수 있는 현상입니다.

그리고 선수들과 같이 많은 훈련을 하는 사람들은 어깨의 극상근건, 이두근건, 오훼견봉인대 등의 마찰에 의한 어깨통증이 주된 원인일 수 있습니다. 사람마다 운동하는 자세라든지 유연성 정도에 따라 다르겠지만 대부분 건과 인대의 마찰에서 오는 통증이라 할 수 있습니다.

이를 해소하기 위해서는 일단 스트레칭 등을 통해 관절의 유연성을 길러주고 어깨 관절의 가동범위를 넓혀야 합니다. 그리고 어깨의 근력운동으로 강하고 부드러운 어깨를 만들어주어야 하며, 어깨통증이 오더라도 지속적으로 가벼운 운동을 하며 물리치료를 겸하면 어깨통증으로부터 조금씩 회복될 수 있습니다.

허리가 심하게 아픈데 평영과 접영은 하지 않는 것이 좋을까요?

Q

A

허리나 관절이 좋지 않은 사람들이 지상에서 할 수 있는 운동은 스트레칭이나 체조 밖에는 없습니다. 하지만 물에서 할 수 있는 아쿠아피트니스나 수영은 물의 부력으로 몸무게에 의한 충격을 90% 이상 줄일 수 있기 때문에 허리통증이나 관절염이 있는 분들에게는 상당히 도움이 됩니다.

평영과 접영은 위아래로 웨이브를 타면서 싸인곡선을 그리며 수영을 하게 됩니다. 웨이브는 초보자들에게는 낯선 동작으로 허리가 접혀 통증을 느낄 수도 있으며, 처음에는 어렵게 생각될 것입니다. 하지만 허리의 통증은 동작의 잘못된 자세에서 나오는 것이거나 익숙하지 않은 동작에 무리하게 힘이 들어가서 생기는 것입니다.

평영은 다른 영법과 달리 내려차고 올려차면서 추진력을 얻는 것이 아니라, 양발을 뻗어주고 모아주면서 추진력을 얻는 영법이라 4가지 영법 중 가장 허리통증을 많이 느낄 수 있는 영법이지만 발차기의 감을 느끼며 조금만 노력하면 허리의 통증을 극복하고 금방 적응할 수 있습니다. 또한 평영과 접영은 위아래로 움직이며 허리, 골반의 움직임으로 추진력을 얻는 영법으로 허리의 유연성과 근력이 상당히 좋아지는 운동입니다. 웨이브의 동작을 충분히 익히고 적응하면 허리의 근력이 좋아져서 웬만한 증세는 이겨낼 수 있을 것입니다.

결론을 말씀드리자면, 자신의 건강상태를 파악하면서 통증의 정도에 따라 수영의 적응 기간을 조절하며 차츰 배워나가면, 통증이 심한 분들도 충분히 수영을 즐길 수 있으며 물리치료의 효과도 있으므로 평영과 접영의 수영을 적극 권합니다.

Q **월경시 수영이 좋을까요?**

A 여성에게는 매우 중요한 문제라고 생각됩니다.

월경시 수영을 해도 삼투압의 법칙에 의해 수압을 받아 자궁으로 물이 들어가지는 않습니다. 수영을 오래 하신 분들은 양이 적은 날에는 탐폰을 착용하고 수영을 하면 문제가 없다고 하나 월경시에는 자궁의 면역체계가 약해져 있어 세균에 감염될 우려가 있으므로 가급적 수영을 삼가는 것이 좋습니다.

수영하다 쥐가 날 경우 어떻게 해야 하나요?

우선 쥐가 나면 수영을 멈추고 풀 사이드에 올라가 다리를 쭉 펴고 앉은 채 근육을 늘려주어야 합니다. 무릎을 펴고 발가락부위를 몸 쪽으로 당겨 종아리근육을 이완시켜 줍니다. 발가락이나 발바닥에 쥐가 난 경우에는 손가락으로 꾹꾹 눌러 마사지를 해주며, 충분한 휴식을 취한 후 다시 수영을 해야합니다. 충분히 근육이 풀리지 않은 상태에서 수영을 다시 시작하면 재발할 우려가 높습니다.

풀 사이드에 앉아 다리를 펴서
종아리 근육을 이완시켜주는 자세

실내수영장에서 쥐가 나는 경우에는 수영선생님이나 강습반 회원들이 있으므로 큰 걱정이 없지만, 강이나 바다와 같은 천연환경에서 수영을 할 때는 안전에 유의해야 합니다. 실내수영장 외에서 수영을 할 때는 혼자 수영을 즐기는 것은 삼가고 항상 3인 이상의 조를 이루어 수영을 하면 큰 사고는 방지할 수 있을 것입니다.

쥐가 나는 것을 방지하기 위해서는 수영하기 전에 충분한 워밍업과 스트레칭을 통해 근육의 적응 능력을 키워주고, 갑자기 많은 힘이 들어가지 않도록 물에 잘 적응하여야 합니다.

Q 수영을 하면 키가 크나요?

A 성장시기에 있다면 수영은 성장하는데 있어 상당한 도움을 주게 됩니다.

뇌에서 성장호르몬이 분비되면 무릎, 발목, 엉덩이의 뼈끝에 있는 연골 성장판이 세포분열을 일으키고 연골세포의 양이 늘면서 키가 커집니다. 그러다가 연골이 굳어지면 뼈가 길어지게 됩니다.

성장시기에 충분한 영양을 섭취하고 적당한 운동을 해주면 키는 쑥쑥 자랄 것입니다. 수영은 발차기 동작이라든가 어깨, 무릎, 발목 등의 관절 움직임, 뻗어줌의 자세, 스트레칭 등 키가 크는데 좋은 움직임이 있어 성장에 도움을 주게 됩니다.

수영을 하면 살이 빠지나요?

Q

A

"수영을 하면 살을 뺄 수 있나요?" 라는 질문은 "밥을 먹으면 살이 찌나요?" 라는 질문과 다를 것이 없습니다.

수영의 실력은 어느 정도이고, 사람의 체질은 어떤 체질이며, 어떤 방식으로 주 몇 회 실시하고, 운동량은 어느 정도인지, 이러한 것들을 체크하며 운동을 해야 할 것입니다. 막연히 운동을 한다고 살이 빠지는 것은 아닙니다.

먼저 자신의 음식섭취 습관이라든지 생활방식을 체크해서 살이 찔 수밖에 없었던 요인을 찾고 그에 대응해서 음식조절과 운동을 병행해야 합니다. 수영으로 살을 빼기는 쉽지 않습니다. 조깅이나 지상에서 하는 운동은 걷고 달리며 쉽게 할 수 있지만, 수영은 물에 적응하며 기술적인 동작을 익혀야 하기 때문에 단기간 내 다이어트 목표를 달성하기는 쉽지 않을 것입니다.

우선 다이어트를 하려면 운동과 함께 영양섭취에 신경을 써야 합니다. 자신의 체질에 맞는 음식을 골고루 섭취하여 영양균형을 유지하면서 적당한 운동을 해야 합니다. 수영을 하면 체형을 균형 있게 발달시킬 수 있고, 체내 신진대사의 중요한 요소들에 이롭게 작용하므로 장기간의 목표를 설정하고 꾸준히 노력하여야 합니다.

단기간에 살을 빼려면 조깅이나 기타 다른 유산소 운동으로 다이어트를 하는 것이 훨씬 효과적이지만, 시간을 갖고 신체에 많은 유익한 작용을 하면서 체형관리를 하려면 수영이 효과적입니다.

그럼 수영을 통해 건강한 신체, 아름다운 몸매를 유지하시기 바랍니다.

SWIMMING

수영장 이용시설

Q 수영장 물은 얼마나 자주 교체하나요?

A 수영장은 많은 사람들이 이용하는 곳이고, 저마다 위생상태나 위생개념이 달라 수질관리에 많은 노력이 필요합니다. 수영장은 다량의 물이 필요하기 때문에 수돗물보다는 하천수나 지하수를 사용하는 경우가 많은데, 그와 같은 물은 병원성 미생물에 오염되어 있을 가능성이 높습니다. 대부분의 수영장은 물을 정수 처리하여 재사용하고 있으나 이용자가 너무 많으면 정수처리능력을 초과하여 수질이 급격히 악화될 수 있기 때문에 소독제를 투입합니다. 그러나 투입된 소독제도 사람의 몸에서 나오는 분비물에 의해 서서히 분해되어 효력이 떨어집니다. 이용자가 많을수록 소독제의 투입량은 많아지며 역세(물갈이)를 많이 해야 합니다.

수영장은 대부분 순환여과방식으로 정수를 하는데 체육시설 설치 및 이용에 관한 법령에 의해 하루에 3회 이상 여과기를 통과시키도록 규정하고 있습니다. 순환여과방식은 수영수를 펌프로 순환시켜 머리카락이나 분비물을 제거한 다음 여과, 소독하여 다시 사용하는 방법입니다.

수영장의 시설규모나 운영 방침에 따라 수질관리의 방식에 차이가 있지만 보통 하루에 3회는 여과를 하고, 소독제를 적절히 투입하며, 수영장 문 닫는 시간부터 새벽까지 자동클리너를 설치해 바닥에 가라앉은 오염물질을 제거하는 방식으로 수질관리에 많은 신경을 쓰고 있습니다.

락스물(수영장물)이 인체에 해로운가요?

수영장에서 사용되는 정수약품으로는 소독제와 응집제가 있습니다.

소독제는 흔히 염소를 많이 사용하는데 염소는 신체에서 배출되는 유기물질을 감소시키고 수영장의 미생물을 제거하는데 사용하나 모든 미생물이 완전히 제거되는 것은 아닙니다.

응집제는 물에 오염물질이 많으면 소독 효과가 낮아지므로 소독 전에 여과를 하여 오염물질을 제거하여야 하는데 이때 미세한 오염물질을 응집시켜 여과를 원활하게 하는 약품을 말합니다.

소독제로서는 염소, 오존, 이산화염소, 자외선, 은 화합물 등이 사용되고 있으나 일반적으로 수영장에서는 잔류성이 있는 염소를 주로 사용합니다.

염소소독제는 가스상의 액화염소, 고체인 표백분, 액체인 차아염소산 등이 있는데 수영장에 염소를 과다하게 투여하면 냄새가 심하고 모발과 수영복을 탈색시킬 수 있어 적정량의 염소를 투여해야 하며 일반적인 사용용도에는 해롭지 않습니다.

수영장의 수질기준을 보면, 잔류염소가 단독으로 사용될 경우 0.4~1.0ppm(1.0이상)이고 오존 등과 병용해서 사용할 경우 0.2(0.5)ppm 이상입니다. 이 정도의 수치를 유지한다면, 수영장물이 인체에 미치는 영향은 해롭지 않음을 알 수 있습니다.

수영하기에 가장 적당한 물 온도는 어떻게 되나요?

수영장을 이용할 때 가장 중요한 것은 역시 물입니다. 물의 온도는 사람이 느끼기에 따라 3℃ 이상 차이가 날 수 있습니다. 선수들은 운동량이 많으므로 가급적 물이 차야 합니다. 그렇다고 너무 차면 피부가 금방 수축하여 근육이 경직되기 때문에 좋지 않으므로 크게 추위를 느끼지 않을 정도의 온도인 26~27℃가 적당하며, 수영을 취미로 즐기는 일반인일 경우에는 28~29.5℃가 적당합니다.

일반인이라도 초급반과 고급반의 경우가 다르며, 어린이와 성인 또한 다릅니다. 다음은 표로 알아본 적정온도입니다.

구 분	적정온도	비 교
선수들의 시합장	25~27℃	선수들의 최고 성적을 위함
일반 고급영자	28~28.5℃	쉬지 않고 많은 운동량 필요
일반 초·중급영자	28.5~29.5℃	서 있는 시간이 많은 관계로
수영강사가 좋아하는 온도	29~29.5℃	29℃ 밑으로 떨어지면 닭살 돋음
유아(3~7세)풀의 적정온도	30~31℃	어린아이는 아직 외부환경에 적응이 안 되어 감기에 주의
아쿠아로빅	29~30℃	운동하기에 적정한 온도
임산부나 재활치료의 영자	30~31℃	약간 따뜻함을 가져야 함

위 표의 수치는 저자가 수영장에서의 오랜 경험을 통해 사람이 평균적으로 느끼는 피부의 반응에 대한 수치를 나타낸 자료입니다.

이렇듯 각자가 느끼는 온도 차이가 있어 수영장의 풀 한 개로 많은 사람의 적정온도를 맞추기는 쉽지 않습니다. 유아 풀을 포함한 2개 정도만 있어도 다행이지요.

또 한 가지 중요한 점은 실내온도입니다. 실내온도는 물 온도와 비슷하게 맞추는 것이 가장 좋습니다. 보통 수영장 실내온도는 29~30℃ 면 수영하는데 큰 지장이 없습니다.

SWIMMING

수영용품

Q ## 수경 관리요령을 알려주세요

A

　대부분의 수영장은 화학약품 처리가 되어 있어 눈의 보호와 시야 확보를 위해 수경을 착용해야 합니다. 요즘은 값싼 수경이라도 안구 구조에 잘 맞게 나와 있어 물이 새거나 하는 불편함은 없지만 수경관리를 소홀히 하면 오래 사용할 수가 없습니다. 수경을 오래 사용하기 위해서는 수경관리에 신경을 써야 합니다.

　수경은 처음 구입할 때는 렌즈 안쪽 면에 안티포그 처리가 되어 있어 최소 1주일에서 4주 정도는 습기가 차지 않고 깨끗하게 시야를 확보할 수 있으나 계속 사용하게 되면 렌즈표면에 기름때가 서서히 끼기 시작합니다. 또한 렌즈표면이 긁히거나 상처가 나면 시야가 나빠집니다.

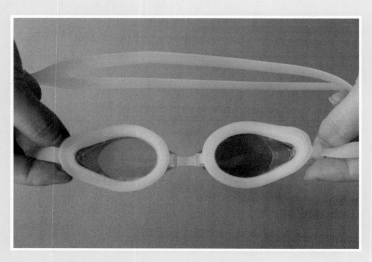

수경 안쪽에 물을 담아두면 서서히 기름때가 제거됩니다.

수경은 가급적 케이스나 수모에 싸서 보관하여야 스크래치를 방지할 수 있으며, 사용 후에는 맑은 물로 깨끗이 헹구어야 합니다. 헹굴 때에는 뜨거운 물은 피하는 것이 좋습니다. 뜨거운 물은 안티포그를 제거하여 습기가 끼게 하는 원인이 됩니다. 또한 사우나에서 수경과 수영복을 건조시켜서는 안 됩니다. 수경을 갖고 사우나에 들어가는 순간부터 안티포그는 없어졌다고 생각해야 합니다.

그리고 손가락으로 문지르거나 수영장물로 렌즈를 헹구지 말아야 합니다. 그렇게 되면 렌즈 안쪽에 손톱으로 인한 상처가 나거나, 렌즈에 수영장물에 떠다니는 물때가 끼게 되어 시야를 흐리게 합니다.

렌즈를 세척할 때는 맑은 물을 렌즈 안쪽 면에 2/3 정도 채우고 10분 정도만 두면 기름때가 물로 씻겨 나옵니다. 침, 치약, 퐁퐁, 샴푸 등의 계면활성제를 이용하면 렌즈 안쪽에 남아있던 친수성 소재를 분산시켜 일시적으로 효과를 볼 수 있는데, 친수성 소재가 완전히 없어질 경우에는 더 이상 소용이 없습니다.

이런 방법으로 수경을 관리하면 수명을 최소 몇 개월은 더 연장할 수 있습니다.

02

안티포그가 무엇인가요?

수경을 처음 구입하게 되면, 수경 안쪽 렌즈 표면에 안티포그 처리가 되어 있어 최소 1주에서 3주 가량은 습기가 차지 않는 상태에서 사용할 수 있습니다. 그러나 1개월 이상 수경을 착용하다 보면, 안티포그 약재가 서서히 소멸되어 렌즈표면에 뿌옇게 습기가 차게 되는데, 이는 물과 정전기적 반발력이 있는 수경 안쪽에 작은 물방울이 붙어 생기는 현상으로 이럴 때는 안티포그 약재를 발라주면 수경안쪽에 얇은 수막을 입혀 시야를 좋게 할 수 있습니다.

수경의 안티포그 방식은 크게 나누어 실리콘 흡착방식과 친수성 소재의 하드코팅 방식이 있는데 실리콘 방식은 개방된 환경의 안경이나 스킨다이버가 쓰는 마스크(렌즈부위가 강화유리)에는 효과가 있으나 플라스틱 소재의 수경에는 거의 효과가 없습니다. 현재는 친수성 소재의 코팅 방법이 조금 오래 가나 친수성 소재의 대부분은 용해성이고 경도가 약하여 한 달 정도 갑니다.

시중에 친수성이며 용해성인 수경용 안티포그제를 팔고 있는데 $10ml$ 양의 용기에 담겨져 있어 매일 사용한다 해도 6개월에서 1년은 사용하실 수 있으나 일회성이라 매일 발라주어야 하는 단점이 있습니다.

자동차 유리에 쓰는 안티포그제나 일반 안경점에서 취급하는 안티포그제는 실리콘 방식으로 초기에는 효과가 있을 수 있으나 금방 효과가 사라지고 이온화된 실리콘 약재는 안구에 유해하기 때문에 해로울 수도 있습니다.

이렇게 안티포그 약재를 이용한다면, 수경의 수명을 더욱 연장할 수 있습니다.

수영복 관리요령을 알려주세요

수영복은 물 속에서 오랜 기간 입다보면 탄력성이 떨어지고 천이 해지게 됩니다. 또한 수영장 약품으로 조금씩 삭기도 하고 피부와 닿는 부분이 마찰로 조금씩 해지며 늘어나게 됩니다. 수영복마다 조금씩 다르지만 수영복의 수명은 보통 3~6개월 정도 됩니다. 폴리에스테르 재질인 연습용 수영복의 경우는 나일론 재질이라 쉽게 삭지 않아 2년 이상도 입을 수 있습니다.

수영복을 아무렇게나 방치하고 관리를 소홀히 하면 금방 해질 수 있으나 조금만 신경을 쓰고 관리해 준다면 좀 더 탄성을 유지하면서 오래 입을 수 있습니다.

수영복을 사용한 후에는 깨끗한 물로 헹구어 직사광선을 피해서 보관해야 합니다. 수영복의 수명을 단축시키는 유해 요소로는 직사광선, 염분을 함유한 바닷물, 오일, 뜨거운 물, 사우나 등이 있습니다. 이러한 것들을 피해야만 수영복의 성질을 오래 유지할 수 있습니다. 수영복을 사용한 후에는 미지근한 물에 10분 정도 담가 수영장의 소독물을 깨끗이 빼냅니다. 이렇게 깨끗이 헹군 수영복은 강하게 비틀어 짜지 말고 타월로 싸서 두드리거나 가볍게 짜서 물기를 없애줍니다. 물기를 뺀 수영복은 직사광선을 피해 그늘에서 말립니다. 수영복 원단은 고무재질이라 쉽게 변형되므로 절대로 드라이어나 사우나에서 건조시키지 말아야 합니다.

젖은 수영복은 타월에 싸서 운반하는 것이 좋습니다. 비닐봉지는 열을 계속 가두어 두기 때문에 수영복 변색의 원인이 되므로 사용하지 않는 것이 좋습니다. 역시 같은 이유로 햇볕 아래 있는 차의 트렁크에 수영복을 넣는 것도 좋지 않습니다.

여성수영복은 브래지어 컵이 찌그러지지 않도록 유의하여 보관하여야 합니다.

이렇게 수영복 관리를 철저히 한다면 수영복의 탄성을 유지하면서 좀더 오래 입을 수 있습니다.

귀에 물이 자꾸 들어가는데 귀마개를
착용해야 하나요?

Q

A

　귓속에 염증이 있거나 질병이 있지 않은 이상 가급적 착용하지 않는 것이 좋습니다. 초급자들은 귀에 물이 들어가는 것이 너무 괴롭고 고통스러워 귀마개를 찾는 경우가 있는데 귀마개를 착용하는 이유는 일장일단이 있습니다.

　우선 귀마개를 착용하면 귀에 물이 들어가는 것을 막을 수는 있지만 소리가 잘 안 들려 수업시간에 수영강사의 말을 들을 때 신경을 곤두세워야 합니다. 또 중요한 단점은 귀마개에 익숙해져 있으면 귀마개 없이 수영을 할 때는 주저하게 되며 귀마개를 착용할 때와는 다르게 편한 수영을 할 수 없습니다.

　수영하다 귓속으로 물이 들어가는 것은 당연한 것이고, 자꾸 익숙해지면 괜찮아집니다. 자유형을 할 때 호흡을 하려고 고개를 돌리면 귀 주변의 물이 공기와 함께 귀로 들어가게 되는데 귀를 수면 밑으로 집어넣으면 표면장력이 생겨 쉽게 들어가지 않습니다.

　그러나 귀가 수면에 걸치거나 수면 위에 있을 때는 공기와 함께 물이 더 잘 들어가지요. 귓속으로 물이 들어가는 것을 두렵게 생각하지 말고, 수면 밑으로 담그게 되면 쉽게 들어가지는 않습니다.

　수영하다 물이 들어가면 옆으로 고개를 젖히고 뛰면 금방 흘러나오게 되는데 초급 때는 옆으로 뛰어도 잘 흘러나오지 않는 분들이 많이 있습니다. 귀에 물이 들어가는 것은 당연한 것이고, 귓속으로 물이 자연스럽게 들어갔다 나왔다 하는 것은 당연합니다. 하지만 귓속으로 들어가서 표면장력이 생겨 막이 생기면 귀가 멍멍하고 나오지 않게 됩니다. 이때는 순간적으로 들어간 귀 쪽을 두세 번 빠르게 흔들면 빠져 나오게 됩니다(고도의 기술이지요). 주의할 점은 귀에 물이 들어갔다고 해서 면봉이나 딱딱한 물체로 후벼서는 안 된다는 것입니다. 그러면 염증이 생길 우려도 있습니다.

아무튼 우리 인체는 70%가 물입니다. 물에서 적응하게끔 만들어졌으니 너무 신경 쓰지 마십시오.

정 두려워서 못하겠다 싶으면 귀마개를 착용하십시오! 귀마개는 여러 종류가 있으나 실리콘 귀마개를 많이 이용합니다. 실리콘 귀마개는 손으로 잘 주물러서 귓속에 넣고 입구부분을 넓게 벌려 막아주면 됩니다.

수모 선택 및 착용하는 방법을 알려주세요

수모는 천, 실리텍스(우레탄수모), 실리콘의 세 가지 종류로 구분할 수 있습니다. 천 수모는 머리의 쪼임이 없고 가격이 저렴하여 예전에는 많이 구입했으나 요즘은 거의 사용하지 않습니다. 실리텍스 수모는 머리의 쪼임을 덜 주기 위해 겉은 실리콘으로, 안감은 폴리에스테르의 재질로 만들어 물이 스며들지도 않고 실리콘 수모보다 머리의 쪼임이 적어 나이 드신 분들이 선호하는 제품입니다. 하지만 이마부위에 두 줄의 재봉선 자국이 생기는 단점이 있습니다. 그리고 가장 많이 사용하는 선수용 실리콘 수모는 가격도 크게 비싸지 않으며, 물의 저항을 가장 줄일 수 있는 수모입니다.

가끔 수모의 관리를 소홀히 하다보면 안쪽에 머릿기름 등의 유기물이 끼어 곰팡이가 생기게 됩니다. 이때는 30% 정도의 짙은 락스물에 담가 두면 말끔해집니다. 그리고 락스로도 제거되지 않는 곰팡이는 에틸알콜을 적셔 닦아주면 효과를 볼 수 있습니다.

수모의 착용방법은 아래 사진과 같이 상표나 그림이 양옆으로 위치하게 한 상태에서 양손을 수모에 넣어 손등으로 벌린 다음 이마부위부터 착용합니다.

또 다른 방법은 수모에 물을 가득 담은 상태에서 이마부터 착용하면 머리가 가지런히 모아져 착용할 수 있습니다.

 ▶

방법 1 양 손등으로 수모 안쪽에 손을 넣어 벌린 후 이마부터 착용한다.

방법 2 수모에 물을 가득 담은 후 이마부터 착용한다.

Q 오리발(핀)을 사용하는 이유는 무엇인가요?

A 오리발은 수영하는 사람들로 하여금 상당히 빠른 추진력을 얻을 수 있게 해주며 스킨스쿠버들에게는 꼭 필요한 장비 중의 하나입니다.

오리발을 착용하고 수영을 하면 빠른 추진력을 낼 수 있습니다. 하지만 발차기를 제대로 못하는 초보자의 경우는 오히려 많은 압력을 받아 발목이 아프거나 종아리부위에 쥐가 날 확률이 높습니다. 오리발을 착용하는 이유는

첫째, 폼 교정입니다. 오리발을 착용하면 천천히 발차기를 해도 가라앉지 않고 빠른 추진력을 낼 수 있어 풀 동작 등 여러 가지 응용동작들을 연습하며 교정할 수 있습니다. 오리발 없이 수영하기 힘든 동작들을 오리발을 착용함으로서 좀 더 수월하게 할 수 있습니다.

둘째, 빠른 추진력을 이용해 수영을 만끽할 수 있으며, 속도감을 즐길 수 있습니다.

셋째, 발목의 유연성과 하체의 근력강화에 도움이 됩니다.

오리발을 착용하고 발차기를 하면 많은 압력을 받아 강한 근력을 키울 수 있으며 발목의 유연성을 기를 수 있습니다.

이런 많은 동작들을 응용하면 수영하는데 도움이 됩니다.

오리발은 주 1회 사용이 적당하며 오리발을 착용하고 수영할 때는 안전사고에 특히 유념해야 합니다.

Q

다리 사이에 킥판이나 풀부이를 착용하고 수영을 하면 뒤집어져요

A

킥판이나 풀부이를 다리에 끼고 수영을 하는 것은 하체를 띄운 상태에서 팔젓기 동작을 익히기 위함인데, 초 · 중급 때는 풀동작과 롤링의 불균형으로 자꾸 뒤집혀져 동작이 쉽지 않습니다.

처음 하는 사람은 거의 대부분 뒤집어지고 중심잡기가 쉽지 않습니다. 발차기를 못하더라도 발차기의 리듬으로 중심을 잡고 수영을 하는데 그 균형을 잡아주는 발차기를 멈추니 당연히 힘들 것입니다.

그래도 물잡기의 동작을 어느 정도 이해하고 잘 하는 사람은 처음 몇 번만 힘들고 금방 적응을 할 수 있을 것입니다. 발차기는 하체를 가라앉지 않게 띄워주고 팔동작에 맞는 리듬을 뒤에서 받쳐주며 균형을 잡아주는 중요한 역할을 합니다.

몸의 균형을 잡지 못하고 뒤집히는 것은 오른쪽 호흡 시 롤링이 너무 크기 때문이며 뻗어준 왼팔을 살짝 눌러주어 중심을 잡아주어야 하는데 그 역할을 다하지 못해서 균형이 깨지며 뒤집히는 것입니다. 오른쪽, 왼쪽 롤링을 균등하게 하고 하체에 힘을 빼 힙이 수면에서 숨쉬게 하면서 수평으로 떠 있게 만들어줍니다. 마치 인라인 스케이트를 타듯 왼쪽 오른쪽으로 중심을 실어 수면에서 미끄러지도록 자세를 취해 연습합니다.

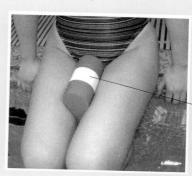

풀패들

풀부이

풀패들

풀부이

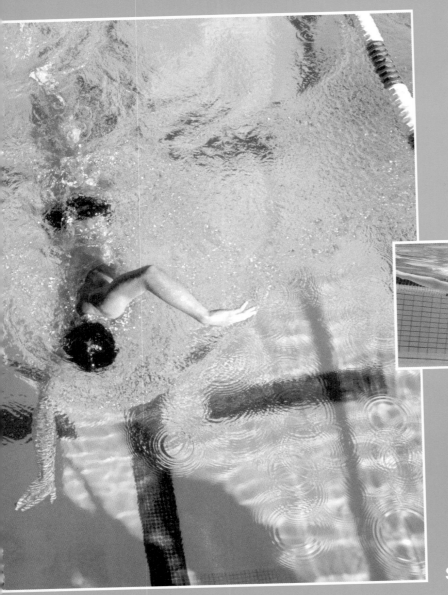

SWIMMING

자유형

Q

왜 자유형에만 '형'이 붙을까요?
다른 영법은 '영'이 붙는데 …

A

이 질문은 아주 간단하면서도 궁금해하는 분들이 많아서 첫 번째로 질문을 올립니다.

경영에는 접영·배영·평영, 자유형의 4가지 영법과 개인혼영·혼계영·계영이 있습니다. 4가지 영법 중 자유형(自由型)은 배영(背泳), 평영(平泳), 접영(蝶泳)의 영법과 달리 영법이 아니라 경기형태를 말합니다. 한문으로 쉽게 이해할 수 있으며, 영어로는 Free Style로 다른 어떤 영법으로 수영을 해도 상관이 없습니다. 그 중에서 지금 가장 흔한 자유형은 영국의 Crawl이란 사람이 고안한 것으로 아직까지는 크롤영법이 제일 빠르기 때문에 거의 대부분이 크롤영법으로 참가하여 '크롤영'이 마치 자유형의 영법처럼 되어졌습니다. 앞으로 지금의 크롤영보다 더 빠른 영법이 나온다면 자유형의 모습은 바뀔 것입니다. 하지만 사람의 몸은 한계가 있어 크게 변하지는 않을 것입니다. 그럼 자유형의 의미를 아시겠지요.

Q 유선형 자세란 어떤 것인가요?

A   유선형을 설명하기에 가장 좋은 예는 물고기와 비행기의 몸체나 날개를 들 수 있는데 이것들은 기체나 액체 등의 흐름을 그 표면에 따라 흘려보내고 소용돌이가 적게 일어 저항을 최소화할 수 있습니다.

사람도 물 속에서 앞으로 나아가기 위해서는 물고기와 같이 저항을 최소화시키는 자세를 취해야 합니다. 그러기 위해서는 몸을 가늘고 길게 뻗어주는 자세를 취해야 합니다. 양팔을 귀에 붙이고 머리위로 곧게 뻗으며 허리는 늘어나는 느낌이 들게 하고 가슴을 위로 끌어올리는 느낌으로 양발 끝은 발레를 하는 다리처럼 뻗어주고 모아줍니다. 즉 손끝부터 발끝까지 일직선을 그리며 가장 아름다운 선을 그려 뻗어주면 물 속에서 저항을 줄일 수 있는 유선형자세를 만들 수 있습니다. 유선형 자세는 수영의 동작을 익히는 기술보다 더욱 중요한 동작이니 잘 익히기 바랍니다.

유선형 자세

자유형 발차기의 형태가 여러 가지 있나요?

Q

A 자유형과 배영에서는 킥이 상당히 중요합니다. 빠른 추진력을 얻고 효율적인 수영을 하기 위해서는 킥이 원활해야 하므로 충분히 연습하여야 합니다.

킥은 6킥, 4킥, 2킥의 세 가지 형태로 분류할 수 있습니다. 6킥은 왼팔의 스트로크에 3번, 오른팔의 스트로크에 3번입니다.

오른팔 downsweep(아래로 젓기) 시 오른발 내려차기 - 1킥

오른팔 insweep(풀 동작) 시 왼발 내려차기 - 2킥

오른팔 upsweep(푸시) 시 오른발 내려차기 – 3킥

왼팔 downsweep(아래로 젓기) 시 왼발 내려차기 – 1킥

왼팔 insweep(풀 동작) 시 오른발 내려차기 – 2킥

왼팔 upsweep(푸시) 시 왼발 내려차기 – 3킥

6킥은 단거리 영법에 유리하며 빠른 발차기로 빠른 스피드를 내는데 효과적입니다.

2킥은 한 팔에 한 번씩 하는 장거리 스타일의 효율적인 발차기로 하체에 드는 힘을 최소화하여 오래 수영을 할 수 있는 이점이 있습니다.

- 왼팔 upsweep(푸시) 시 왼발 내려차기 -1킥
- 오른팔 upsweep(푸시) 시 오른발 내려차기 -2킥

4킥은 2킥과 6킥의 변형된 킥으로 보통 호흡하는 쪽 스트로크에 2비트 킥의 타이밍인 1킥을 차고, 다른 한 팔의 발차기는 6비트 킥의 발차기 타이밍인 3킥을 이용합니다.

- 왼팔 downsweep(아래로 젓기) 시 왼발 내려차기 – 1킥
- 왼팔 insweep(풀 동작) 시 오른발 내려차기 – 2킥
- 왼팔 upsweep(푸시) 시 왼발 내려차기 – 3킥
- 오른팔 upsweep(푸시) 시 오른발 내려차기 – 1킥

위에서 설명한 것처럼 왼팔 스트로크를 하는 동안에는 3번의 킥이 이루어지고, 오른팔 스트로크를 하는 동안에는 1번만 이루어집니다. 그러나 이 형태는 호흡하는 형태나 자신의 스타일에 맞게 바뀔 수도 있습니다.

03

발차기 연습방법에는 어떤 것들이 있나요?

발차기에는 여러 형태가 있지만, 초보자들이 2킥을 하기에는 조금 힘든 면이 있어 일반적으로 빠른 6킥을 하는 것이 좋습니다.

초보자들의 발차기 실수를 유형별로 나누어보면 첨벙형, 덜덜이형, 갈구리형이 있습니다.

- 첨벙형은 가장 흔한 실수로 허벅지에 힘이 들어가 있고 무릎 이하만 움직여 물을 많이 튀며 발차기 하는 형태

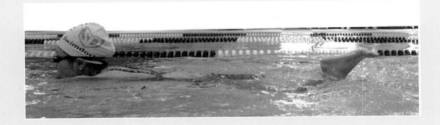

- 덜덜이형은 다리를 쭉 펴주고 떠는 형태
- 갈구리형은 아래의 사진처럼 하체의 근육에 많은 힘이 들어가 있고, 발목이 갈구리처럼 딱 굳어서 내려찍는 형태

발차기의 정확한 자세

- 상체는 물에 편안히 맡긴 상태에서 허리 이하 골반의 움직임으로 발차기를 합니다.
- 무릎 관절을 접지 말고, 관절에 유동성을 주어 회초리를 치듯 부드럽게 차줍니다.
- 허벅지로 눌러주는 느낌이 들게 차줍니다.

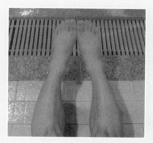

- 발목은 지느러미가 움직이듯 발목에 힘을 빼고 부드럽게 움직여줍니다.
- 양 뒤꿈치는 10cm 정도 벌리고 양 엄지발가락이 닿을 정도로 모아 스치듯이 발차기를 해줍니다(안짱다리형태).

◀ 안짱다리 형태

- 힙 선이 수면에 떠 있게 하고 허리가 가라앉지 않게 해줍니다.
- 내려찰 때는 약간 구부려주나, 올려찰 때는 무릎관절을 펴줍니다(배영은 이와 반대로 해줍니다).

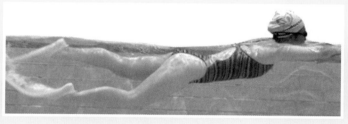

오리발을 착용하고
발차기 하는 자세 ▶

초보자는 킥판을 잡고 연습하기보다는 머리를 숙여 유선형의 자세로 떠 있는 상태에서 발차기 연습을 하는 것이 효과적입니다.

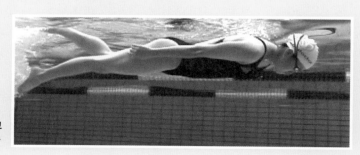

차려 자세에서 머리를 숙이고
발차기 하는 자세 ▶

04

Q 자유형 호흡 시 몸이 가라앉고
물을 먹게 되는데 호흡요령을 가르쳐 주세요

A 초보자의 경우 미숙한 발차기로 몸이 경직되어 있어 팔 동작과 함께 호흡하기란 쉽지 않습니다. 물 속에서 코와 입으로 혹은 코로 공기를 충분히 내뿜고 팔의 푸시 동작을 마치면서 몸을 롤링 하여 수면에서 '파~' 하고 나머지 공기를 내뿜으며 동시에 바로 빠르게 들숨을 합니다. 이때 초보자들이 물을 많이 먹게 되는데, 호흡하는 타이밍이 한 박자 길어서 그럴 수도 있고, 호흡을 하겠다는 일념만으로 발차기하는 하체의 근육이 경직되어 하체가 가라앉아 호흡시 잠기게 되어 물을 먹게 되는 경우가 있습니다. 이러한 것들은 아직 콤비네이션 동작이 서툴러서 그런 것입니다. 다시 말해 호흡 시 팔동작과 발차기의 동작이 경직되면서 불필요한 킥을 하므로 에너지 소비를 증가시켜서 몸을 더욱 가라앉게 하는 것입니다.

호흡 시 손끝부터 발끝까지 일직선의 형태를 이루고 가라앉지 않는 자세

p80의 사진과 같이 호흡을 하면서도 균형 있는 발차기를 해주며 손끝부터 발끝까지 일직선을 만들어 안정된 자세를 취하도록 연습을 해야 합니다.

몸이 심하게 가라앉는다면 호흡을 하지 않고, 발차기와 팔 동작만을 연습합니다. 팔 동작을 하면서도 발차기는 안정된 6킥을 차주며, 힘이 빠져 있어야 합니다. 자꾸 반복 연습하여 의식을 하지 않은 상태에서도 균형 있는 자연스러운 폼이 나와야 합니다.

하지만 이 동작이 초보자들에게는 정말 힘든 고비일 수 있습니다. 포기하지 말고 이 고비만 잘 넘기게 되면 호흡을 편하게 하면서 물에 대한 자신감을 갖게 될 것입니다.

자유형 팔돌리기의 리듬이 맞지 않아요
호흡하는 손이 되돌리기를 하는 중에 뻗어준 팔이
밑으로 떨어져 지나가요

아마 이 질문도 스윔닥터 사이트를 운영하면서 상당히 많이 나온 질문 중의 하나로 실제로 이러한 어려움을 겪는 초보자들이 많이 있습니다.

초보자들은 물젓기부터 시작해서 발차기, 호흡의 부자연스러움, 몸의 경직 등등 모든 자세가 불안전해 이러한 증세가 나오는 것입니다. 즉 오른쪽으로 호흡을 한다 가정하고, 오른손이 되돌리기가 되면서 고개를 돌려 호흡을 마십니다. 이때 발차기라든지 몸은 경직되어 바로 엎드려 있을 때보다는 훨씬 가라앉게 됩니다. 그러므로 가라앉는 몸을 왼손으로 눌러 조금이라도 띄우려는 본능적인 자세이지요. 이렇게 되면, 오른손이 입수하기 전에 왼손은 이미 밑으로 떨어지고, 푸시동작을 제대로 하지 못한 채 지나가는 형색이 됩니다.

오른손을 되돌리기 하면서 왼팔을 뻗어주지 못하고 몸이 가라앉아 왼팔이 내려가는 모습

내 몸을 물에 맡긴 채 뻗어준 어깨를 물 속에 넣고 반대편 손은 차렷하여 수면 위에 위치하게 한 채 글라이드(뻗어주기) 연습을 하십시오.

왼손을 앞으로 뻗으며 어깨가 손보다 내려가지 않게 하여 팔을 수평으로 유지한 채 글라이드를 하고 있는 모습

자유형을 처음 배울 때는 풍차를 돌리듯 팔을 쭉 편 채 되돌리기를 하며, 중급자의 수준이 되면 자유형 꺾기 동작을 익히는데, 처음 팔돌리기를 배울 때는 완전히 두 손을 모아준 다음 6번의 발차기를 하고, 반대편 손의 풀 동작을 시작하도록 하십시오. 초보자들은 연속동작을 하면 자세가 흐트러질 뿐더러 마음이 급해져 금방 지치게 됩니다. 그리고 연습 시 주의할 점은 팔 돌리기를 하면서 발차기를 할 때는 하체에 힘을 빼고 빠른 6킥을 하여 균형을 잡아 줍니다. 보통 팔돌리기 할 때 발차기의 자세를 보면 불필요한 힘을 주어 에너지를 소모하는 경우가 많습니다. 이러한 점들을 감안해서 발차기와 팔동작의 콤비네이션 연습을 한다면 좋은 결과를 얻을 수 있을 것입니다.

Q

자유형 팔꺾기를 처음 배우는데 요령을 모르겠어요

A

초보 때는 풍차를 돌리듯 팔을 편 채 연습을 하다가 중급과정에서는 팔꺾기를 배우게 됩니다. 중급과정에서는 뒤에서 앞으로 무게중심이 이동하는 것을 느끼고 어깨의 회전과 호흡이 순조로워지면 자유형 꺾기 동작을 배웁니다.

팔을 쭉 편 채 할 때는 무게중심이 손에 있어 회전반경이 커지며 힙 옆의 손이 큰 반원을 그리며 머리 앞으로 이동이 되는 것입니다. 하지만 이러한 회전반경을 줄이기 위해서 자유형 꺾기동작을 익힙니다. 자유형 꺾기를 할 때는 무게중심이 바로 팔꿈치에 있습니다. 물 속에서 푸시동작을 마치고 나올 때 손이 올라오지 않고 바로 팔꿈치가 올라옵니다. 팔꿈치에 무게중심을 싣고, 팔꿈치가 어깨의 연장선에 위치하도록 6시 방향에서 3시 방향까지 끌어줍니다. 겨드랑이가 많이 보이게 팔꿈치를 최대한 높게 들고, 팔꿈치 이하부터 손끝까지는 힘을 완전히 빼 물 밖으로 나오도록 하여 되돌리기를 합니다. 어깨의 연장선까지 팔꿈치를 높게 들어 반원을 그리며 앞으로 이동한 팔꿈치는 무게중심이 손으로 전달되며 손이 앞으로 나가면서 어깨의 앞 연장선 12~1시 방향, 즉 어깨와 머리 사이에 있는 귀 연장선에서 손을 물 속으로 넣으며 어깨를 밀어줍니다. 되돌리기를 할 때 손은 팔꿈치보다 낮게 위치하며 손이 물에 들어갈 때까지 어깨는 수면 위에 있어 귀 뒤의 머리를 눌러준다 생각하고 회전을 하며 뻗어줄 때는 뺨을 어깨에 붙인다는 느낌을 갖고 뻗어줍니다.

이렇게 손이 물 밖으로 나왔다가 물 속으로 들어가는 과정을 글로 표현했는데 p85의 사진과 같이 지상에서 연습해 주시기 바랍니다.

출수자세 옆으로 누워 왼팔을 뻗고 오른손은 차려 자세

하이엘보우 자세 팔꿈치에 무게중심을 싣고 어깨 연장선까지 들어준 자세

입수자세 손바닥을 45° 바깥쪽으로 하여 귀의 연장선에 입수를 하는 자세

자유형 되돌리기 시 손목이 꺾여서 폼이 이상해요. 손목 교정방법이 있을까요?

자유형에서 되돌리기를 할 때 손목의 꺾임 현상이 있을 수 있습니다. 일명 '포크레인', '닭발' 등으로 표현하기도 합니다.

이런 현상은 물 속에서 푸시 동작을 할 때부터 너무 많은 힘을 주어 되돌리기를 하기 때문에 나타나는 것입니다. 푸시 동작을 마치면 바로 힘을 최대한 빼고 물 밖으로 나와야 하며 무게중심을 팔꿈치에 싣고 되돌리기를 해야 하는데, 무게중심이 손에 실리게 되다보니 앞이나 뒤로 꺾여 좋지 않은 자세가 나오는 것입니다.

교정할 수 있는 요령은 푸시 동작을 마치면 힘을 최대한 빼서 무게중심을 팔꿈치에 싣고, 팔꿈치 이하부터 손끝까지는 없는 것처럼 힘을 빼십시오. 팔꿈치에 낚싯줄을 매달아 놓았다고 생각하고 팔꿈치 이하를 시계추처럼 움직여 보십시오.

이렇게 되돌리기의 요령을 익히고도 교정이 되지 않으면 p.87의 사진처럼 손바닥을 몸 쪽을 향하게 하여 물 속으로 넣어보십시오. 보통 푸시 동작에서 손에 많은 힘을 주게 되면 손목의 꺾임현상이 생기는데 어깨의 유연성이 떨어져도 손목이 꺾이게 됩니다. 어깨의 유연성이 적어 팔꿈치를 높게 들어주지 못하면 자연히 손목이 올라오고 팔꿈치가 떨어지게 됩니다. 이런 경우에는 손바닥을 안쪽으로 향하게 하면 조금 편한 자세로 되돌리기를 할 수 있습니다. 그렇다고 계속 그렇게 하라는 것은 아니고 손목의 꺾임현상이 없어지면 다시 손바닥이 바깥쪽과 정면을 향하게 연습을 합니다.

손바닥을 안쪽으로 향해 되돌리기 연습

또 한 가지 연습방법은 풀 사이드에 한쪽 팔이 나오게 엎드린 채 되돌리기를 연습하는 것입니다. 그리고 침대나 매트에 엎드려 되돌리기 자세를 연습해도 좋은 결과를 얻을 수 있습니다.

풀 사이드에 엎드려 되돌리기 연습

08

Q 물 속에서 호흡하는 요령이 있나요?

A 수중에서도 지상에서와 같이 편하게 호흡을 하며 운동을 할 수 있습니다. 아직 물에 적응이 안 된 상태이고, 동작이 미숙하여 몸에 힘이 들어가 호흡이 힘들어지는 것이지 호흡 자체만으로 문제가 있어 못하는 것은 아닙니다.

호흡의 간단한 원리는 공기를 마시고 입수를 할 때 '음~'하며 물 속에서 잠깐 멈추었다가 다시 수면 밖으로 나오기 전에 공기를 '음~'하면서 코로 내뿜고 수면 밖으로 입이 나옴과 동시에 '파~'하며 내뿜고 동시에 공기를 들여 마십니다. 물 속에서 날숨을 할 때는 코로만 공기를 내뿜어도 되고, 코와 입으로 공기를 같이 내뿜어도 됩니다. 이는 음성부력과 양성부력을 이용하여 물 속에서 처음부터 입이 나올 때까지 계속 '음~'하며 공기를 내뿜기보다는 들어갈 때와 나올 때 공기를 내뿜고 중간에는 잠깐 멈추는 것이 몸을 덜 가라앉게 해줍니다.

그리고 호흡을 할 때 공기와 함께 입으로 물이 들어오면 물 속에 들어가면서 '음~'할 때 '푸우~'하면서 입으로 공기를 내뿜으며 입 속의 물을 같이 내뿜으면 호흡을 편하게 할 수 있습니다.

처음 물을 접하는 사람은 코로 공기를 내뿜는 것이 쉽지 않을 것입니다. 지상에서는 코로 공기를 마시며 호흡을 하지만 수영할 때는 코로 공기를 내뿜고 입으로 들이마시는 습관을 길러야 합니다.

물에 들어가면서 코와 입으로 공기를 내뿜는 모습

수영을 할 때는 거의 머리가 수중에 담겨져 있게 됩니다. 머리가 수중에 담겨져 있는 것이 편하지 않고 괴로워서 빨리 호흡을 하려고 고개를 들려 한다면 수영을 배우기는 쉽지 않을 것입니다.

처음에는 두려운 마음에 몸이 경직되어 산소소비가 많아 빨리 호흡을 하려는 마음에 머리를 급하게 들게 되지만 차츰 물에 대한 두려움이 없어지면 머리를 물 속에 담그고 있는 시간이 편하게 느껴질 것입니다. 물을 최대한 이용해서 몸을 물에 맡겨 균형을 잘 잡아준다면 몸의 산소소비가 적어 숨을 더욱 오래 참을 수 있게 될 것입니다.

자유형에서의 정확한 호흡타이밍을 가르쳐 주세요

호흡타이밍은 상당히 중요한 과제입니다. 호흡을 너무 빨리 하거나 늦게 하면 풀 동작의 균형이 깨져 정확한 풀 동작 자세가 나오기 힘듭니다.

양손을 앞으로 모아 뻗어져 있는 상태에서는 양어깨가 수면에 나란히 수평을 유지할 수 있습니다. 하지만 자유형과 배영은 나란히 있는 시간은 극히 짧습니다. 다시 말해 거의 대부분의 경우 좌우로 기울어져 있습니다. 이것을 롤링이라고 합니다. 롤링에 대해서는 뒤에서 상세히 설명 드리겠습니다.

수평으로 유지한 상태에서 손이 서서히 내려가면서 풀동작을 시작합니다. 풀동작을 시작하면서 몸이 풀동작 하는 방향으로 조금씩 기울어집니다. 손이 downsweep(아래 젓기)하여 떨어지기 전까지는 양어깨가 수평을 유지하겠지만 insweep(풀)을 할 때부터 팔꿈치를 세우고 몸이 서서히 기울어지며 upsweep(푸시)을 할 때는 어깨를 45° 정도 틀어주면서 고개가 같이 따라 돌아가며 피니쉬 동작을 마치고, 팔꿈치가 최고점에 이를 때까지 '파~'하며 공기를 내뿜음과 동시에 호흡을 마쳐야 합니다. 되돌리기의 최고점에 다다를 때 흉곽이 가장 확장되어 이때 호흡을 하며, 되돌리기 되는 손이 어깨의 연장선에 다다르면, 다시 '음~'하며 고개가 원위치 됩니다. 호흡을 할 때는 손과 어깨사이, 팔꿈치 아래에 있는 공간에서 호흡한다고 생각하면 이해가 빠를 것입니다. 되돌리기 되는 팔이 최고점에 이르기 전, 즉 어깨의 연장선에 오기 전에 호흡을 하고 물 속으로 들어가면 되돌리기 되는 팔꿈치가 떨어지며, 손이 들어가기 전에 어깨가 먼저 들어가게 됩니다. 호흡을 할 때 머리는 몸통과 함께 움직인다고 생각하면 롤링의 타이밍에 맞게 정확한 호흡을 할 수 있습니다.

자유형에서 시선의 위치는
어디를 향하는 것이 좋은가요?

자유형에서의 머리 위치나 시선에 대해 질문하시는 분이 많고 그에 대한 많은 연구가 있음에도 불구하고 아직까지는 정확히 어느 위치가 가장 이상적이라고 단정짓기는 어렵습니다.

지금까지 나와있는 서적이나 지도자들의 지도 유형은 거의 정면을 향해 수영을 하고, 호흡을 할 때는 옆면을 보도록 하고 있습니다. 즉 이마부위가 수면에 닿게 하고, 호흡시에는 수경 반만 나오게 하여 코스 로프를 보게 합니다(초보자일 경우에는 바닥을 향하고, 호흡시에는 천정을 보는 것이 좋습니다).

그러나 1990년대 세계적으로 유명한 자유형단거리의 황제 '포포프'의 자세를 보면거의 머리를 숙여 바닥을 향하고 있고, 최근 '태리 래플린'이라는 미국 수영코치는 T-누르기라는 정의를 내세워 효율적인 수영을 위해서는 시선은 바닥을 향하게 하여야 힙과 하체부위를 띄울 수 있다고 주장하고 있습니다.

필자의 생각도 자유형시 시선이 정면을 향하면 하체가 가라앉는 느낌이 들어 바닥을 향하는 것이 좋다고 생각하며, 한 번씩 고개를 살짝 들어 앞의 장애물이나 목표지점을 확인하며 수영을 하는 것이 효율적인 방법이라고 판단됩니다.

■ 정면시선을 하고 있어 힙이 내려가 있는 상태

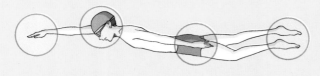

■ 바닥을 향하고 있어 머리와 힙이 수평을 유지한 상태

Q 자유형에서 롤링을 어느 정도 해야 하는지요?

A 자유형은 양 어깨가 수면과 수평을 이루는 시간은 극히 짧으며 옆으로 기울어진 시간이 많습니다. 이렇게 무게중심이 한쪽으로 기울어진 형태를 롤링이라고 하는데 수영할 때 롤링을 적절히 잘 사용하면 아주 효율적인 수영을 할 수 있습니다.

롤링은 몸통의 큰 근육으로 큰 힘을 일으켜 빠른 추진력을 낼 수 있는 것과 몸을 좁고 길게 만들어 팔을 좀 더 길게 뻗을 수 있게 합니다. 자유형과 배영에서 동체의 롤링은 추진력의 원천입니다. 물론 몸은 곧게 펴야 하지만 통나무 돌아가듯이 균형 있는 자세로 자연스럽게 롤링할 것을 강조합니다.

초보자들은 호흡을 위해 호흡하는 쪽으로 롤링을 크게 하는데 그 때 몸의 밸런스가 흐트러질 수 있습니다. 초보자들은 대개 몸의 밸런스가 맞지 않아 발차기가 꼬이면서 불규칙적으로 발차기를 많이 합니다. 6비트 발차기에 대해 다시 한번 언급하자면 오른팔 젓기를 하는 동안 오른발 – 왼발 – 오른발의 3번의 킥이 이루어지고, 왼팔 젓기를 하는 동안 왼발 – 오른발 – 왼발의 3번의 킥이 이루어집니다. 이렇게 몸이 기울어지는 상태에서 하나, 둘, 셋 – 하나, 둘, 셋의 6비트 발차기를 일정한 리듬으로 차고 있는가를 의식하면서 연습을 해야 합니다.

그러면 롤링은 어느 정도를 해야 가장 효율적이며, 빠른 추진력을 낼 수 있을까요?

이것에 대한 연구나 의견도 많습니다. 미국의 태리 래플린 코치가 저술한 『Total Immersion』이라는 책을 인용하면 "자유형에서 팔을 물에 고정시키고 동체를 롤링하면서 앞으로 미끄러뜨려라. 동시에 호흡은 고개를 돌리지 말고 배꼽을 돌려서 하는 것처럼 생각하라."라고 가르치고 있더군요. 이렇게 하면 롤링의 각이 매우 커지게 되지요. 이렇게 호흡 시 배꼽으로 호흡을 하는 느낌으로 심하게 롤링을 하는 것은 효율적인 수영일 수는 있으나, 단거리 같은 경우는 50m 동안 거의 무호흡이며, 래플린이 말한 것 같이 억지로 롤링이 일어나지는 않습니다.

팔동작의 움직임에 따라 자연스럽게 어깨를 움직이고 엉덩이는 어깨에 따라 움직이는 롤링을 해주면 됩니다. 일부러 골반을 고정시키려고 하면 팔은 움직이려고 하는데 몸통이 움직이지 않아 골반과 다리 쪽에 심한 흐트러짐이 일어날 것입니다. 그러나 이러한 미세한 동작들은 호흡시와 무호흡시에 차이를 둘 수 있고, 장거리영법과 단거리영법 시에도 차이를 둘 수 있습니다.

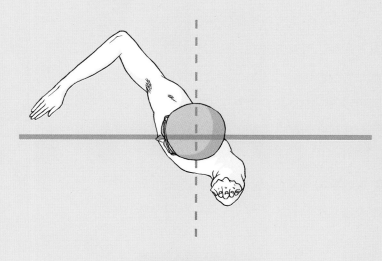

정면에서 본 롤링하는 자세

12

Q 자유형 물젓기는 어떻게 하나요?

A 처음 수영을 배울 때는 팔을 일자로 편 채 물젓기를 하다가 차츰 실력이 좋아지고 중·상급 수준이 되면 물잡기를 배우게 되는데, 초·중급자들은 아직 팔젓기가 미숙하여 거의 대부분 팔꿈치가 떨어진 상태에서 물을 끌어당겨 앞으로 나가려 합니다. 이런 식의 수영은 물잡기가 거의 없는 상태이고 손바닥으로 물을 누르는 형태라 많은 추진력을 얻을 수 없습니다. 그래서 물젓기를 배워야 합니다.

물의 밀도는 공기보다 수백 배 높습니다. 단순히 힘으로 수영을 한다면 모든 에너지를 물에 빼앗겨 금방 지치게 됩니다. 그러므로 수영도 테니스나 스키를 배우는 것과 같이 힘으로가 아닌 기술적인 동작을 익히는 것입니다.

달리는 차창에 손을 내밀어 앞뒤로 움직여보면, 공기의 압력을 손에 느끼게 될 것입니다. 그와 같은 느낌은 물 속에서도 느낄 수 있습니다. 물젓기는 1자 스트로크와 S자 스트로크의 두 가지 형태가 있는데 1자의 직선패턴으로 물잡기를 하려면 강한 어깨와 추진력 높은 발차기의 기술이 필요하기 때문에 일반적으로 S자의 곡선 형태로 물젓기를 많이 하게 됩니다.

물잡기를 "큰 술통을 넘어 뻗어서 누르라!"라고 표현하는데 이는 자유형 스트로크에서 손을 앞으로 뻗는 단계에서 바로 이어지는 스트로크 단계인 물잡기(catching)동작을 표현한 말입니다.

1자 스트록 . S자 스트록

풀 동작의 순서는 다음과 같습니다.

입수(Entry) → 뻗기(Stretch) → 휘감기(Catch) → 아래로 젓기(Downsweep)
→ 안으로 젓기(Insweep) → 위로 젓기(Upsweep) → 되돌리기(Recovery)
이렇게 한 번의 스트로크가 이루어집니다.

▪ **입수(Entry)** : 입수는 머리와 어깨의 연장선 사이인 전방에서 이루어지며 엄지와
검지손가락을 제일 먼저 입수 하고, 손바닥은 30~45° 바깥쪽을 향하게 하여 입수
를 합니다.

입수 자세

▪ **뻗기(Stretch)** : 입수를 하고 난 다음 수면 바로 밑에서 어깨를 밀어 뻗어주기를 하는데 이러한 것을 글라이드(Glide)라고 합니다. 글라이드를 할 때 초보자들은 손보다 팔꿈치와 어깨가 떨어지는데 이러한 점을 주의해야 합니다. 뻗기 동작은 장거리시와 단거리시에 차이가 있을 수 있습니다.

뻗기 자세

▪ **휘감기(Catch)** : 뻗어준 다음 아래로 젓기 전에 사진과 같이 손목을 약간 구부려 물을 잡는 듯한 느낌을 받습니다.

휘감기 자세

▪ **아래로 젓기(Downsweep)** : 일부러 바깥쪽으로 돌리려 하지 않아도 어깨를 돌려 팔동작을 하면 자연히 바깥쪽, 아래쪽 방향으로 물의 압력을 느끼며 서서히 떨어집니다. 아래로 젓기도 마찬가지로 팔꿈치와 어깨가 먼저 밑으로 떨어지지 않게 주의해야 합니다.

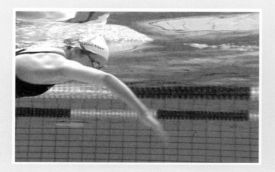 

아래로 젓기 자세

▪ **안으로 젓기**(Insweep) : 안으로 젓기를 할 때 가장 밑에서부터 시작하여 "?" 형태
의 둥근 모양이 되게 어깨의 바깥쪽으로 돌려 몸의 안쪽, 위쪽을 향해 팔꿈치를 세
워 가슴의 명치부위 밑에까지 긁어옵니다.

안으로 젓기 자세

▪ **위로 젓기(Upsweep)** : 가슴까지 긁어온 물은 허벅지 방향을 향해 바깥쪽, 뒤쪽, 위쪽으로 힘을 주어 푸시를 합니다. 손이 허벅지에 닿을 정도부터 수압의 힘을 떨어뜨리고, 손바닥은 안쪽을 향하게 하여 되돌리기를 할 준비를 합니다.

위로 젓기 자세

되돌리기 자세

■ **되돌리기(Recovery)** : 전방에서 봤을 때 출수시 손의 엄지와 검지가 보이게 하며 팔꿈치에 무게중심을 실어 어깨의 연장선까지 팔꿈치를 높게 들어줍니다. 손은 팔꿈치보다 낮게 위치하며 손의 각은 전방에서 봤을 때 손등이 보이게 하고 어깨의 연장선을 지나면 무게 중심이 손으로 전달되어 머리와 어깨의 연장선 전방에 엄지와 검지 순으로 입수를 합니다. 입수시에는 팔꿈치와 어깨가 먼저 떨어지지 않게 하고 어깨가 귀를 스치는 듯한 느낌으로 입수를 합니다.

Q

T－누르기에 대해 알고 싶습니다

A

　T-누르기란 수영 매거진의 컬럼니스트이자 미국 올림픽 수영캠프의 헤드코치인 테리 래플린(Terry Laughlin)이 주장한 말로서 수영을 배우는 많은 사람들에게 새로운 수영 지식을 전달한 좋은 글입니다. 그는 스트로크 수를 적게 하고 에너지소모를 최대한 줄이는 효율적인 수영에 대해 많은 연구를 하고 있습니다.

　태리 래플린이 주장한 대표적인 것들은 '롤링을 크게 해서 몸체의 커다란 힘을 팔로 전달하여 수영하라는 것'과 '밸런스 자세', '고개는 들지 않고 거의 바닥을 보게 한다.', '배꼽으로 호흡할 정도의 큰 롤링', '한 팔이 입수할 때까지 다른 팔은 거의 글라이드 자세를 취하라.' 등이 있습니다. 그러나 이러한 말들은 효율적인 수영에는 충분히 동감을 하고 있으나 수영을 빠르게 하는데는 크게 호응을 받고 있지 않습니다. 단거리수영은 거의 무호흡이며, 빠른 스트로크를 원하기에 그가 주장한 바와 조금 다르지만, 장거리수영에는 그가 주장한 내용들을 토대로 연습을 한다면 많은 도움을 받을 수 있으리라 판단됩니다. 태리의 말에 의하면 스트로크의 효율이 좋아지는 것은 결국 빠른 수영속도를 가져온다는 것입니다.

물의 저항을 줄이는 것이 추진력

대다수의 수영인들은 수영실력을 향상시키기 위해선 체력이 더 필요하다고 생각하지요. 그리고 수영이 70퍼센트의 수영 폼과 30퍼센트의 체력이라는 사실을 알고 있는 수영인들 조차도 잘못된 기술을 알고 있고 흔히 팔이나 다리의 영법에만 온 신경을 쓰고 있는 것이지요. 사실상 팔이 물을 헤쳐가니까 당연히 중점을 두게 됩니다. 따라서 만일 수영법이 틀렸다면 팔의 젓는 동작이 잘못되었기 때문이라고 판단하고, 코치도 당연히 그렇게 지도를 하지요.

거의 모든 코치나 강습교사들이 똑같이 어떻게 팔로 당기고, 다리로 킥을 하는가를 중점적으로 가르칩니다. 그러나 얼마나 깊이 팔을 젓느냐, 손바닥은 어느 쪽을 향하는가 하는 것은 수영속도에는 별로 영향을 미치지 못합니다. 만일 아주 잘못된 팔의 영법을 하던 사람이 정확한 팔기술을 배우더라도 아마 약 5내지 10초의 기록밖에는 단축할 수 없을 것입니다. 그러나 물은 공기보다 1000배의 밀도를 가지고 있고, 수영인을 막대한 저항으로 끌어당기므로, 물의 저항을 줄이는 것이 추진력을 늘리는 것보다 훨씬 더 효과적일 것입니다. 만일 수영인이 저항을 최소로 줄이는 몸의 자세를 배운다면, 금방 20~30초를 줄일 수 있고, 훨씬 수월하게 나아가며, 내가 가르쳐 본 결과 수많은 수영자들이 이 방법으로 큰 효과를 보았습니다. 물의 저항을 줄이는 방법은 바로 기존의 수영법에서 생각해보는 것입니다.

일단 머리와 상반신을 중심으로 균형을 잡아 보십시오. 팔의 영법에 대해서는 전혀 신경 쓰지 마십시오. 만일 몸체가 균형을 잘 잡고 유선형을 만들지 못한다면, 아무리 강력하고 정확한 팔동작도 소용이 없고, 이때에 몸의 자세를 조금만 바꾸면 간단하게 물의 저항을 훨씬 줄일 수 있습니다. 더군다나 몸이 유선형을 만들지 못하면 아무리 팔동작에 힘을 주어도 소용이 없습니다. 따라서 몸의 밸런스를 잡는 것이 가장 포인트이고, 이 밖에 스피드와 수영기술을 향상시키는 것은 아무것도 없습니다. 물에서 균형을 잡는다는 것은 인간의 육체적인 한계를 극복한다는 것입니다. 인간의 몸은 땅에서 균형을 잡고 동작을 취하기 좋게 되어있습니다. 폐를 포함한 상체와 다리로 되어있는 것이지요(이에 비해서 물고기는 반대의 상황이죠 – 물에서 균형을 잘 잡게 되어 있지요. 만일 물고기처럼 꼬리 하나로 땅에 서 있다고 생각해 보면 얼마나 어렵겠습니까?). 물 속에서 우리는 팔과 팔 사이는 부력이 작용하지만 허리 아래부터는 물에 가라앉아 버리지요. 당연히 모든 사람들은 가라앉게 됩니다. 그러나 몸이 살찌고 안찌고는 별로 상관이 없습니다. 많은 크로스컨츄리 선수나 올림픽 3종경기 선수들은 자신들의 몸에 지방이 전혀 없어 수영을 못할 것이라고 생각한다는 것입니다. 그러나 올림픽 수영 선수들은 크로스컨츄리 선수나 3종경기 선수들처럼 지방이 전혀 없지만 훌륭한 수영자세를 갖고 있습니다. 선수들은 수영을 빠르게 하니까, 물에서 높이 뜨겠지요. 일반인들도 몸의 밸런스를 잘 유지하면 훨씬 쉽게 수영을 할 수 있는 것입니다. 대다수 초보자들은 발로 킥을 열심히 해서 빨리 나아가려고 하지만 별로 소용이 없습니다. 수영 중에 팔다리에 무리가 가서 쥐가 난다면 문제지요. 그러나, 만일 시소를 타듯이 상체에 무게중심을 실어주어 하체를 쉽게 띄운다면 균형이 잡힐 것입니다. 이것을 'T자 누르기'라고 하지요. 다음의 지시대로 발버둥을 안쳐도 하체가 뜨면서 수면 위를 미끄러지듯이 나아갈 것입니다. 머리를 쓰세요. 머리를 척추, 엉덩이에 연결하면 상체에 약 12인치에 14내지 16파운드를 더한 것밖에는 안되죠. 첫 번째로, 당신의 머리, 척추, 엉덩이를 똑바른 일직선 막대기로 연결했다고 생각해 봅시다. 머리를 약간 들면 (마치 초보자들이 숨쉬기를 하듯이) 이 T자가 깨지며 엉덩이가 가라앉을 것입니다. 이래서는 안 됩니다. 항상 T자를 누르는 것(상체의 T자 형태에 무게중심을 싣는다)을 잊지 마십시오. 턱에서 가슴까지 수직선을 긋고, 한쪽 어깨에서 다른 쪽 어깨까지 횡선을 그으면 바로 T자를 만들어 줍니다. 수영 중에 바로 이 상체에 힘을 약간 주면서 기대면 됩니다 (마치 누군가가 수영 중에 당신의 양 어깨를 눌러 주는 것과 같지요).

자유형 장거리를 할 때 어깨통증을 많이 느낍니다

수영을 하면서 누구나 한번쯤은 어깨의 통증을 호소합니다. 어깨의 통증은 일반적으로 흔히 일어날 수 있는 통증이라 할 수 있습니다.

근육의 통증은 어떤 잘못된 동작에서 오는 경우보다는 안 쓰던 근육을 과하게 사용하여 생기는 경우가 많습니다. 특히 수영은 어깨를 많이 쓰는 운동이라 충분히 그럴 수 있습니다. 즉 자유형의 당기는 동작에서는 어깨 전면부 근육이 사용되고 되돌리기 동작에는 어깨 후면부의 근육이 사용되며 유연성이 적은 상태에서 과도한 동작을 취하거나 반복적으로 사용하여 어깨주변 근육의 유착이 일어나 통증을 유발할 수 있습니다.

팔돌리는 동작에서는 주로 통증을 느끼게 하는 것은 극상근증후근으로 인한 통증을 들 수 있는데 과도한 어깨 동작시 부리빗장인대와 봉우리 빗장인대 이 두 인대의 마찰에 의해 근의 손상이 일어나게 되어 통증을 만들어 냅니다.
극상근증후근에는 핫팩이나 초음파 등의 물리치료나 관절의 가동범위를 증가시켜주는 운동법이나 마사지를 통해 치료가 가능합니다.

가벼운 증상일 경우 스트레칭과 근력트레이닝만으로도 효과를 볼 수 있는데, 스트레칭 방법으로는 편하게 선 상태에서 손 높이의 물체를 잡고 잡은 팔의 반대 방향으로 어깨를 당기는 동작을 10~15초 정도를 2~3회 정도 반복 운동합니다.

어깨근력트레이닝으로는 덤벨레터럴레이즈가 유효한데 남자분들은 근력이 좋더라도 가벼운 덤벨로 운동을 시작해 줍니다.

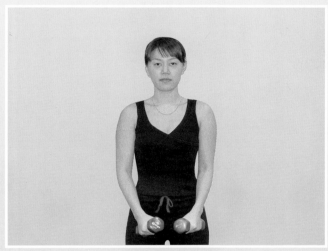

레터럴레이즈 동작(1단계)

레터럴레이즈 동작(2단계)

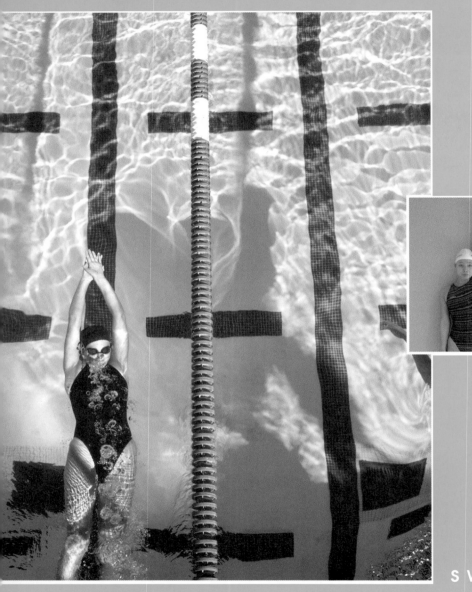

SWIMMING

배영

Q 배영을 할 때 뒤로 눕는 것이 두렵고 코로 물을 먹게 됩니다

A 처음 배영을 배울 때 뒤로 눕는 자세에 익숙하지 않아 두려운 마음을 갖게 되면 뒤로 눕는 자체에 필요 이상의 많은 힘이 들어가고 힙이 밑으로 내려가 가라앉게 됩니다. 물에 대한 자신감을 갖고 편하게 뒤로 눕는 배뜨기 자세부터 연습을 해야 합니다. 처음에는 풀 사이드를 잡고 상체만 뒤로 젖힌 상태에서 등을 수면과 수평이 되게 합니다. 그런 다음 발을 풀 사이드에 대고 살짝 밀어주면서 손을 놓습니다. 이때 힙은 가라앉지 않게 하고 허리를 들어 수면과 수평이 되게 배뜨기 자세를 취해줍니다.

보통 초급자들은 일어설 때 물을 먹게 되므로 일어서는 단계를 먼저 익히는 것도 도움이 됩니다. 배영 뜨기에서 일어나는 과정은 다음과 같습니다.

- 풀 사이드를 잡고 상체를 뒤로 눕힌다.
- 풀 사이드를 잡고 다리를 올려 서서히 밀어준다.
- 배면뜨기 자세를 취한다.
- 무릎을 가슴 쪽으로 끌어당긴다.
- 두 다리를 바닥 쪽으로 내린다.
- 양손을 이용해 아래에서 위로 저으며 중심을 잡는다.
- 두 다리가 바닥을 향해 내려가면 상체를 일으켜 세운다.
- 다리를 먼저 바닥에 딛고 손으로 중심을 잡으며 머리를 나중에 들어 일어선다.

배영뜨기의 좋은 또 한 가지의 방법은 발 사이에 킥판을 끼고 허리가 가라앉지 않게 상체를 뒤로 뉘어 수면과 수평이 되게 배뜨기 자세를 취합니다. 그 상태에서 양손을 살짝 벌려 발끝 쪽으로 물을 밀어주며 머리 쪽을 향해 전진을 해봅니다. 이런 방법을 활용해서 연습을 해보면 수면에 떠서 전진하는 감을 조금씩 느끼게 될 것입니다.

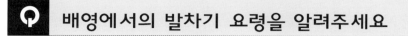
Q 배영에서의 발차기 요령을 알려주세요

A 배영 발차기의 잘못된 유형을 몇 가지 알아보면 다음과 같습니다.

배영 킥의 잘못된 유형

발가락에 힘을 주고 차는 갈고리 모양의 킥

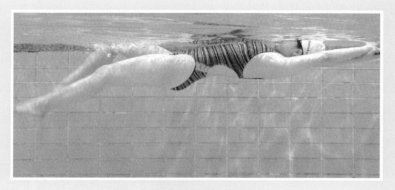

무릎을 심하게 접어 무릎이 수면 위로 나오는 킥

하체에 힘을 많이 주어 힘이 가라앉고 다리가 가라앉아 있는 형태의 킥

　사람의 상체는 공기주머니 역할을 하는 폐가 있어 잘 뜨지만 하체는 뼈와 근육으로 뭉쳐 있어 쉽게 가라앉게 됩니다. 특히 배영시 하체가 심하게 가라앉는 분들이 많은데, 배영 킥은 자유형 킥과 마찬가지로 머리부터 허리까지는 수면과 수평이 되게 유지하고 허리 이하 골반을 축으로 해서 허벅지와 종아리, 발바닥으로 눌러주는 느낌이 들게 발차기를 해주어야 합니다.

　앞의 사진에서와 같이 다리를 심하게 접거나 발끝에 너무 심하게 힘을 주면 더욱 가라앉고 힘이 듭니다.
　어떤 분은 내려 찰 때 발뒤꿈치로 찍는 형색을 하여 하체가 심하게 가라앉습니다.
　자유형 킥은 발등으로 차는 듯한 느낌을 강하게 하고 배영 킥은 발바닥으로 누르는 듯한 느낌이 강해야 합니다. 배영 발차기를 할 때 무릎을 굽혀 발등으로 물을 차게 되었을 경우 발등으로 물을 위로 차올리는 힘이 작용하여 발 쪽이 더욱 가라앉게 됩니다.

처음 발차기를 배울 때는 발레 하는 다리처럼 뻗쩡다리 자세로 발끝에 약간 힘을 주어 발차기를 하지만, 어느 정도 시기가 지나면 힘을 빼고 무릎을 살짝만 구부려 약간의 유격을 주며 부드러운 발차기를 합니다. 그래야만 발목이 부드럽게 움직여 지느러미를 움직이는 듯한 발차기를 할 수 있습니다.

배영 발차기를 잘 할 수 있는 tip

1 공을 차듯 올려 찬다.

2 발바닥으로 물을 눌러주는 느낌을 갖는다.

3 물이 점차적으로 허벅지에서부터 발끝으로 전달되어 뒤로 밀어주는 느낌을 갖는다.

4 최고점의 발이 눌러주면 최하점 발을 균등하게 올려 차준다.

5 무릎관절의 여유를 주어 발목이 펄럭거림을 유지해야 한다.

6 물거품으로부터 점점 멀리 벗어난다고 생각하며 발차기를 한다.

배영에서 발차기를 하면 사선으로 나갑니다

배영 발차기 시 사선으로 가는 이유는 여러 가지가 있습니다.

한쪽 무릎을 많이 접어서 차거나 아니면 한쪽 발에 많은 힘을 실어 차게 되면, 반대쪽 발은 경직되어 균형 있는 발차기가 되지 않아 한쪽으로 기울어 나가게 됩니다. 또 다른 이유는 발등을 바깥쪽으로 향한 채 돌려서 차는 분들이 있는데 이런 분들도 한쪽 방향으로 쏠리며 가는 경우가 있습니다.

코끝부터 배꼽까지 가상의 선을 그어 신체의 중심선을 만들어 양쪽이 똑같이 대칭이 되게 한 후 똑같은 힘으로 발차기를 하고 시선은 천정에 임의의 일직선을 그어 똑바로 가는 연습을 하십시오.

배뜨기 자세 (코끝에서 배꼽까지 가상의 선을 긋는다)

양 모서리에 팔을 얹은 채 발차기 하는 장면

수영장 풀 사이드 모서리에 양팔을 끼워 벽에 기댄 채 발차기 연습을 해 보세요. 몸을 곧게 뻗고 양발의 균형된 발차기를 해 준다면 사선으로 가지는 않을 것입니다.

04

배영에서 팔돌리기 자세는 어떻게 해야 하나요?

Q

A 　발차기가 안정적이고 추진력을 받을 정도면 팔동작을 배우는데, 배영 팔동작은 자유형보다 쉽게 배울 수 있습니다.

　우선 지상에서 아래의 사진과 같이 연습을 합니다.

지상에서 배영 팔동작 연습
벽에 기댄 채 서서 팔을 올려 새끼손가락을 벽에 붙여 허벅지로 빠르게 갔다 붙인다.

지상에서 팔동작을 연습한 다음 물 속에서 연습을 실시합니다.

시선은 편안히 천정을 보고 몸이 가라앉지 않게 유지하며 팔돌리기를 합니다.

팔의 출수는 최대한 저항을 줄이면서 편하게 합니다. 손바닥을 안쪽으로 하느냐 바깥쪽으로 하느냐, 아니면 손등을 위로한 채 출수를 하느냐 여러 방법을 제시하지만 다른 자세에 비해 그다지 중요하지 않으니 자신이 편한 쪽으로 출수를 하고 팔꿈치의 관절을 곧게 뻗은 채 되돌리기를 합니다. 입수시에는 새끼손가락으로 입수를 해서 바로 물을 캐치해 밀어줄 수 있게 해야 합니다.

팔돌리기가 어느 정도 되면, 몸을 좌우로 살짝 기울여 롤링을 하면서 팔 돌리기 연습을 해보시기 바랍니다. 입수할 때는 어깨가 귀에 닿는 느낌이 들게 물 속으로 입수하고 손이 입수하기 전에 어깨가 밑으로 가라앉지 않게 하여 입수를 하고 난 다음에는 손부터 어깨, 몸이 수평이 되게 유지해야 합니다.

배영 되돌리기 시 팔꿈치가 구부러져 올라오거나, 입수 시 팔꿈치가 구부러져 안쪽으로 넘어가지 않도록 주의합니다.

05

배영 팔돌리기만 하면 몸이 가라앉고 얼굴이 잠겨 물을 먹게 되요

Q

A

아직 발차기가 미숙한 상태라 팔돌리기 자체에 많은 부담이 가서 팔을 돌릴 때 몸이 경직되고 발차기에 더욱 많은 힘이 들어가서 그럴 것입니다. 그리고 팔 돌리기를 할 때 물젓기가 제대로 이루어지지 않은 상태에서 물 속에서 팔을 급하게 끌어올리면 팔 위에 있던 물이 위로 퍼 올려져 얼굴 쪽으로 넘어오게 되며 팔이 위로 작용하는 힘에 의해 수직하중을 받고 몸이 조금 가라앉게 됩니다. 이때는 '음~' 하면서 코로 물이 들어가는 것을 막을 수 있습니다. 하지만 몸이 심하게 가라앉으면 '음~'을 해도 소용이 없습니다.

이 때는 킥을 위주로 하면서 팔 돌리기 연습을 하는 것이 좋습니다. 우선 정확한 팔 동작을 익힌 다음, 6킥을 차고 팔 돌리기를 해줍니다. 킥 드릴 중 한 방법인데 한 팔을 뻗어 어깨가 귀에 붙은 상태에서 여섯 번의 발차기를 하고, 다시 반대 팔을 뻗어주어 여섯 번의 킥을 찹니다. 한 팔을 뻗어 줄 때 몸이 $30\sim45°$ 정도 기울어진 상태, 즉 뻗어준 어깨는 물 속에 내려가 있고, 차렷한 어깨는 수면 위에 살짝 올라온 상태에서 발차기 연습을 합니다.

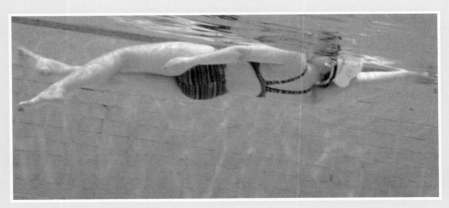

한 팔을 뻗은 채 발차기 하는 자세

팔돌리기만 하면 몸이 좌우로 왔다갔다 지그재그로 수영을 하게 됩니다

오른팔로 물을 밀어 줄 때는 왼쪽으로, 왼팔로 물을 밀어줄 때는 오른쪽으로 왔다 갔다 할 것입니다. 그것은 당연한 원리입니다. 초보 때는 팔을 거의 편 채 물젓기를 하다보니 신체중심선(코끝에서 배꼽을 이은 가상선)에서 많이 벗어나 몸이 좌우로 왔다 갔다하게 되는 것입니다.

점점 배영이 익숙해지고 몸의 롤링이 이루어지면서 물젓기 시 신체중심선 가까이에서 물젓기를 하고, 양팔이 대칭이 되게 움직인다면 좌우로 왔다갔다 하는 수영은 없어질 것입니다.

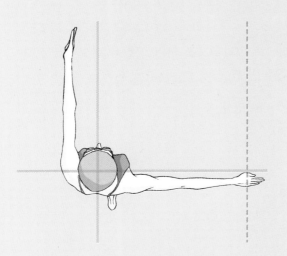
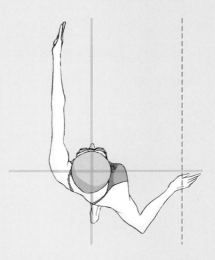

팔을 편 채 물젓기 자세(초·중급) : 신체중심선에서 멀다   **롤링하면서 배영 팔꺾기 자세(상·고급)** : 신체중심선에서 가깝다

배영에서 팔동작을 할 때 특별한 호흡방법이 있나요?

배영은 코와 입이 수면에 나와 있는 상태라 다른 영법에 비해 호흡하기가 비교적 편합니다. 발차기를 잘하고 몸이 가라앉지 않으면 그냥 입으로 들숨을 하든 코로 들숨을 하든 크게 상관은 없지만 가급적이면 자유형과 같이 코로 날숨을 하고 입으로 들숨을 하는 것이 좋습니다.

초급 때는 연속동작으로 물젓기를 하기 힘듭니다. 양손이 차렷 상태에서 한 팔씩 물젓기의 리듬에 맞춰 호흡을 합니다. 즉 물 속에서 젓기를 할 때 추진력이 생기므로 머리를 수면에서 충분히 올릴 수 있어 들숨을 하는 것이 좋고, 되돌리기 하는 동안에는 팔을 들은 만큼 몸이 수직하중으로 머리가 살짝 가라앉을 수 있어 코로 날숨을 하는 것이 좋습니다.

중·상급 실력이 되면 연결동작이 될 텐데 연결동작을 하면 양팔이 대칭으로 움직입니다. 그러면 한 팔을 정해 놓고 호흡 리듬에 맞춰 팔 돌리기를 합니다. 가령 오른손은 푸시를 마치고 왼손은 입수 직후에 타이밍을 맞춰 들숨을 하면 좀 더 수월하게 호흡이 이루어질 것입니다.

배영도 물 속에서 꺾기가 있다고 들었습니다. 어떻게 하는 것인가요?

Q

A 배영 물잡기 동작을 말씀하시는군요! 배영 물잡기는 다른 영법보다는 쉽지 않아 폼이 엉망이 되는 경우가 많아 강습을 하지 않는 경향이 있습니다.

우선 아래의 사진과 같이 지상에서 S자의 형태로 물젓기 연습을 합니다.

오른손은 뻗은 채 귀 옆에 올려붙이고
왼손은 차려 자세

오른손을 서서히 물의 압력을 느끼며 손바닥이 45° 바닥을 향해
눌러주고 왼손은 되돌리기를 시작한다.

오른손은 아래로 눌러준 손이 위로 올라와 푸시 자세를 취하고
왼손은 되돌리기의 최고점에 오른다

오른손은 아래쪽에서 위쪽으로 긁어온 물을 엉덩이
아래 방향으로 팔씨름을 하듯 푸시하고
왼손은 어깨선을 넘으며 입수자세를 취한다

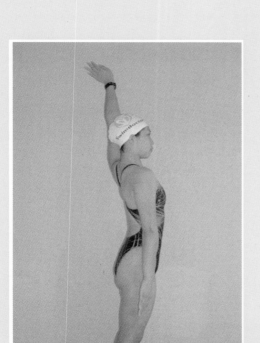

오른손은 푸시동작을 마치고 출수할 준비를 하며
왼손은 귀에 붙이며 입수를 마친다

입수(Entry) : 어깨가 귀를 스치며 새끼손가락으로 입수를 한다.

정 면   측 면

휘감기(Catch) : 입수를 하고 난 다음 손목의 각을 약간 바깥쪽으로 하여 캐치동작을 시작한다.

정 면   측 면

아래로 젓기(Downsweep) : 휘감기를 한 후 손바닥이 안쪽과 바깥쪽을 향한다.

정면

측면

위로 젓기(Upsweep) : 아래로 내려간 손바닥은 위를 향하여 곡선을 그리며 가슴 옆으로 끌어온다. 이때 팔꿈치가 떨어지지 않도록 가장 주의해야 한다.

정면

측면

아래로 젓기(Downsweep) : 가슴까지 긁어온 물을 가슴 밑으로 지날 때 손바닥은 힙 밑으로 향하여 팔씨름을 하듯 뿌려준다.

정면   측면

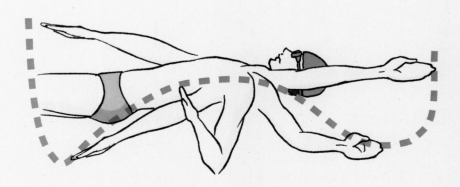

배영 물젓기 곡선

배영에서 롤링은 어느 정도 하는 것이 좋을까요?

배영도 자유형과 마찬가지로 좌우로 몸통의 굴림자세를 취합니다. 처음 배영을 배울 때는 기본 배면뜨기 자세에서 시작하여 수평적으로 발차기가 이루어지지만 어느 정도 배영에 익숙해지면 운동범위를 좀더 넓히기 위해 몸체의 롤링이 이루어집니다.

머리는 고정한 채 좌우로 45° 정도 기울기가 이루어지는데 이때 몸체가 돌아가면서 킥도 바깥쪽으로 약간씩 틀어지며 이루어집니다. 이때 측면적·수평적 균형을 유지하도록 해야 합니다.

균형 유지를 위해서 배영은 사이드 킥(몸을 90° 옆으로 세워 발차기) 연습이 매우 중요합니다. 손바닥은 바닥을 보게 하고 어깨를 귀에 붙인 채 발등이 옆을 향하게 발차기 연습을 해야 합니다.

사이드 킥 : 시선은 천장을 보고 한 팔을 뻗어 머리에 붙이고 반대 팔을 차렷한 상태에서 어깨가 수면 위로 나오게 하고 배꼽은 사이드로 틀어 옆으로 발차기를 해준다.

처음부터 사이드 킥을 하기는 어렵습니다. 처음에는 오리발을 착용해서 연습하고 익숙해지면 오리발 없이 연습을 하면 배영 롤링에 많은 도움이 됩니다. 측면으로 몸이 틀어졌을 때 발이 너무 크게 벗어나거나 힙이 뒤로 빠지는 경우가 있는데 힙과 발차기는 자신의 어깨 폭을 벗어나지 않도록 주의해야 합니다.

배영만 하면 목 주변 근육이 뻐근하고 머리가 아파요

Q

A

배영은 뒤로 눕는 자세만으로도 긴장감을 줄 수 있습니다. 또한 진행방향을 볼 수가 없기 때문에 엎드려서 할 때보다 더 많이 긴장할 수 있습니다.

팔을 저으며 나아갈 때 머리가 가라앉아 코로 물이 들어가면 뇌로의 산소공급이 원활히 이루어지지 않아 머리가 아플 수 있습니다. 또한 허리가 가라앉는 것을 느끼고 심하게 아랫배를 올려 불필요한 곳에 힘을 주게 될 경우 근육의 일시적 긴장으로 뻐근함을 느낄 수 있습니다. 또한 턱을 너무 심하게 눌러 자신의 발끝을 보기 위해 머리를 드는 것은 목 주변근육에 심한 긴장감을 줄 수 있습니다.

배영을 할 때는 불필요한 힘을 빼고 편하게 천장을 보면서 뒷목부터 등뼈의 선이 일직선이 되도록 곧게 뻗어 주고 양쪽 귀가 물에 잠기게 하여 편하게 누운 상태에서 긴장감을 풀고 수영을 하면 일시적인 근육통은 생기지 않을 것입니다.

근육통이 지속되면 잠시 수영을 중단하고 스트레칭과 마사지를 통해 근육을 이완시켜 주며 휴식을 취해주시기 바랍니다.

SWIMMING

평영

Q 평영에 발차기가 2종류가 있다고 하는데 어떤 킥을 하는 것이 좋을까요?

A 우선 평영 킥은 웨지킥(wedge-kick)과 윕킥(whip-kick)의 두 가지 형태가 있습니다. 웨지킥은 무릎을 벌리고 양 발뒤꿈치가 가운데 있어 양옆으로 크게 벌려 차 모아주는 킥으로 동작을 따라하기는 비교적 쉬우나 추진력이 약해 선호하지 않는 킥입니다. 윕킥은 양 종아리를 11자의 형태로 유지하며 무릎을 많이 벌리지 않고 무릎의 관절을 옆으로 틀어 채찍질을 하듯 빠르게 돌려 차는 킥입니다.

웨지킥은 부채꼴모양으로 크게 차주지만, 윕킥은 항아리 모양으로 폭을 좁게 하여 차주므로 빠른 추진력 때문에 선호하는 킥입니다.

웨지킥 자세

윕킥 자세

윕킥은 추진력은 강하나 고관절의 유연성이 좋아야 하고, 발목과 무릎관절을 옆으로 틀어주어야 하기 때문에 몸이 굳어있거나 연세가 많이 드신 분들에게는 무리일 수 있습니다. 크게 유연성이 떨어지지 않으면 처음 배울 때부터 가급적 윕킥의 자세를 연습하는 것이 좋습니다. 무릎을 많이 벌리지 않고 차기 위해 지상에서의 연습도 많이 해야 하며, 무릎을 벌리지 않고 킥을 차기 위해 교정밴드 같은 것을 착용하고 연습을 하기도 합니다.

교정밴드를 착용한 자세

지상에서 앉아있는 자세

풀부이를 착용한 자세

02

Q 평영 발차기를 할 때 아무리 차도 앞으로 나아가지 않네요

A 평영 발차기는 무릎관절을 옆으로 틀어 돌려차는 킥으로 어렵다고 생각하는 사람이 많지만 몇 가지 키포인트를 잡고 연습한다면 쉽게 배울 수 있습니다.

평영 킥의 정확한 자세

▪ 양 발뒤꿈치가 10cm 정도 되게 벌려 힙에 가깝게 종아리를 끌어당겨 접는다.

킥 리커버리 동작(뒷모습)

▪ 상체는 편하게 물과 수평이 되게 엎드리고, 상체와 허벅지의 각을 120~130°로 유지한다.

접혀져 있는 자세(옆모습 120~130° 각 유지)

▪ 발뒤꿈치에 힘을 주고 발가락은 바닥을 향한 채 발목을 90° 꺾어 접는다.

발모양 크로즈업

▪ 무릎은 어깨넓이 이상 벌리지 말고, 양발은 종아리가 11자 모양이 되게 유지한다.

11자가 된 뒷모습

▪ 무릎의 관절을 축으로 옆으로 틀어 발바닥 안쪽에 물이 걸리는 느낌을 받게 하고 발뒤꿈치 안쪽 면으로 내려찬다.

지도자가 한쪽 발목을 잡고 돌려주는 모습

▪ 점점 가속도를 붙여 빠르게 박수를 치듯 킥을 하고 30° 아래의 각으로 차 준다.

내려 차는 모습(스틸장면)

- 발바닥 안쪽 면을 마주보게 하여 모아주고 발끝이 수면과 수평이 되게 펴준다.

발끝을 쭉 펴준 동작(발모양 옆모습)

- 다리를 접을 때는 골반이 내려가고 내려 찰 때는 추진력으로 골반이 상승한다.
- 양발을 접을 때는 천천히 가볍게 접고 내려 찰 때는 점점 가속도를 붙이며 빠르게 채찍질을 하듯 찬다.

평영 킥의 잘못된 동작

허벅지를 너무 당겨 힙이 올라온 자세

발목을 꺾지 않고 발등으로 차는 자세

발이 수면 위로 올라온 자세

03

Q 평영 발차기의 추진력이 약한 것 같아요
효율적인 연습방법이 있을까요?

A 평영 발차기는 인명구조영법과 입영, 잠영 등 많은 응용동작에서도 활용을 하는 만큼 필히 잘 배워두시기 바랍니다.

기초적인 연습방법을 사진과 함께 설명해 드리겠습니다.

▪ 지상에서 벽 잡고 한 발 돌려차기 – 허벅지 안쪽 면, 종아리 안쪽 면, 발바닥 안쪽 면이 바닥을 보게 하여 돌려차는 연습을 한다.

▪ 바닥에 엎드린 채 발차기 연습

2 발목을 엉덩이에 닿을 정도로 가깝게 끌어와 발뒤꿈치에
약간의 힘을 주어 발가락이 바닥을 향하게 하고
발목을 90° 틀어 접어준다

1 양발을 모으고 곧게 뻗어준다

3 발뒤꿈치 안쪽 면으로 내려 차며 발바닥 안쪽 면, 종아리 안쪽 면이 바닥에 닿게 벌려 찬다

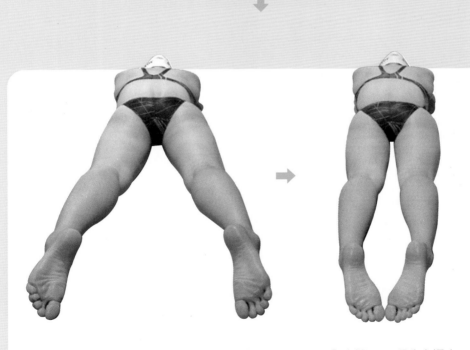

4 발바닥 안쪽으로 박수를 치듯 빠르게 모아준다   **5** 양발을 모으고 곧게 뻗어준다

▪ 킥판 없이 양 손을 앞으로 모아 발차기 하며 호흡연습 – 제일 많이 활용되는, 콤비네 이션을 맞추기 위한 제일 좋은 방법이다. 킥을 차서 발을 모아준 다음 하나, 둘, 셋 하고 뻗어주기를 하며 머리를 살짝 들어 호흡을 하고 다시 발차기를 한다.

양 손 앞으로 모으고 다리를 접은 상태의 모습

▪ 누워서 발차기 연습 – 뒤로 누운 상태에서 양 손을 엉덩이 옆에 붙이고 다리를 접었 을 때 양 손 끝에 발뒤꿈치가 닿도록 하며 무릎은 수면 밖으로 나오면 안 되고 발바 닥 안쪽을 바깥쪽에서 안쪽으로 짜 모아주는 연습을 한다.

누운 자세에서 양 손이 발뒤꿈치에 닿는 모습

- 차려 자세에서 머리를 숙여 발차기 – 양 손을 차렷하고 머리를 숙여 양 손이 발뒤꿈치에 닿도록 하고, 양 무릎이 어깨넓이 이상 벌어지지 않도록 주의하여 발차기 연습을 한다.

엎드린 채 양 손끝이 발뒤꿈치에 닿게 하여 킥연습

- 교정밴드를 착용하고 연습 – 교정밴드를 양 무릎 위쪽에 착용하여 무릎이 많이 벌어지지 않도록 고정한 채 발차기 연습을 한다. 교정밴드를 착용하고 연습하면 무릎이 벌어지지 않을 뿐더러 강한 추진력을 낼 수 있고, 하체 근력강화에 많은 도움이 된다.

교정밴드를 착용하고 다리를 접는 모습

04

Q

킥 따로 손 따로 리듬이 전혀 맞지 않네요

A

앞에서 답변한 내용 중에 킥판 없이 양 손을 앞으로 모아 발차기 하며 호흡연습을 충분히 하면 콤비네이션 동작을 쉽게 할 수 있습니다. 이 동작이 익숙해져 있지 않은 채 평영 콤비를 하려면 리듬이 안 맞고 손발이 따로 놀게 될 것입니다.

호흡과 킥의 동작을 충분히 연습한 다음 호흡할 때 살짝 손동작을 합니다. 처음에 손은 호흡하기 위한 용도로 작은 삼각형을 그리며 호흡을 합니다. 위에서 설명한 대로 연습을 했으면 손동작 없이 호흡을 할 수 있을 것입니다. 다음은 호흡을 하려고 머리를 들 때 손동작은 어깨 이상 벗어나지 않는 작은 삼각형을 그리며 호흡을 마시고 입수를 한 다음 발차기 동작을 합니다.

어떤 사람은 추진력이 없어 손을 크게 벌려 배 밑에까지 끌어와 나가며 호흡을 하려 하는데 이렇게 되면 손과 발의 콤비가 맞지 않고 킥의 자세가 흐트러집니다. 손은 호흡하기 위해 가슴 앞에서 작은 삼각형을 그리고, 80% 이상을 킥에 의존하여 추진력을 얻습니다. 작은 삼각형을 그려 입수를 할 때는 빠르게 입수하고 머리를 숙여 팔을 쭉 뻗어줄 때는 양팔을 귀에 붙입니다. 이때 가슴을 눌러주고 허리라인이 늘어나도록 쭉 펴주며 글라이드를 길게 타도록 합니다.

초보 때 평영은 손-발-뻗어주기 이렇게 구분을 하여 연습을 하면 쉽게 할 수 있습니다. 즉 손동작을 완전히 마치고, 머리를 입수하여 팔을 쭉 뻗은 다음, 발차기를 해주고 양발이 모아지면 하나, 둘, 셋을 세며 뻗어주기를 합니다.

이렇게 구분동작으로 콤비네이션 연습을 하면 쉽게 리듬을 익힐 수 있습니다. 이 동작이 어느 정도 된다면 자연스럽게 연결동작을 할 수 있게 됩니다.

즉 손이 나가면서 다리를 접어 킥을 할 수 있는 실력이 될 것입니다.

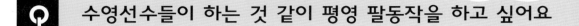

Q 수영선수들이 하는 것 같이 평영 팔동작을 하고 싶어요

A 평영 팔 동작 시 초보자들은 가슴 앞에서 어깨넓이만큼 벌려 삼각형이나 작은 원을 그리듯 킥과 함께 리듬을 맞추는데 초점을 두고 상급자 이상의 수준이 되면 다음의 설명과 같이 하트가 거꾸로 된 모양을 취하며 물잡기에 도전해 봅니다.

뻗어주기(Glide)

양팔을 귀에 붙이고 팔꿈치가 떨어지지 않도록, 길게 유선형의 자세를 취하며 뻗어 준다.

밖으로 젓기(Outsweep)

안으로 젓기를 하기 위한 준비자세이며, 양 손바닥이 바깥쪽으로 45° 기울게 하고 어깨넓이보다 조금만 더 벌려 Y자의 형태로 팔을 벌리면서 가볍게 미끄러진다. 이때 너무 많이 벌리게 되면 안으로 젓기가 너무 힘들어지니 너무 크게 벌리지 않도록 유의 한다.

휘감기(Catch)

양손이 어깨넓이를 지날 때 손목의 각을 30° 정도 기울여 물잡기를 시작한다.

아래로 젓기(Downsweep)

휘감기를 하고 난 후 팔꿈치가 수면에 닿을 정도로 팔꿈치를 세워 손바닥을 어깨위 치까지 눌러주며 부상하기를 시작한다. 이때부터 물의 강한 압력을 받고 점점 빠르고 강한 물젓기 동작을 시작한다.

안으로 젓기(Insweep)

아래로 젓기를 하면서 손이 가장 깊은 지점에 닿았을 때 시작하여 양 팔꿈치가 명치부위에 닿도록 짜 모아준다. 이때 가장 빠르고 강한 속도로 하여 가슴으로 호흡하는 느낌을 갖고 가슴을 일으켜 세우며 아랫배를 끌어당긴다. 이때 가장 많은 에너지가 소모된다.

되돌리기(Recovery)

양 손바닥이 합장하듯 가슴 앞에서 짜 모아진 다음, 손바닥이 바닥을 향하게 하여 앞으로 빠르고 힘차게 뻗어주고, 손은 수면이나 수면에서 10cm 정도 아래 위치하게 한다. 이때 팔꿈치가 떨어지지 않도록 주의하고 양 팔이 곧게 뻗어질 수 있게 한다.

**평영 입수 시 너무 가라앉아서 부상하기가 힘들어요.
입수 후 몸의 자세와 웨이브는 어떻게 이루어지나요?**

　평영 킥으로 추진력을 얻지 못한 상태에서는 동체의 웨이브가 힘들기 때문에 킥이 어느 정도 된 후에 웨이브 연습을 하는 것이 좋습니다.

　킥의 추진력이 좋아지면 양 손을 앞으로 뻗은 채 킥과 몸의 자세에 신경을 쓰며 연습합니다. 양손을 앞으로 한 채 호흡을 하고 상체를 입수하며 킥을 찹니다. 이때 가슴을 눌러주며 킥을 차는데 가슴에 무게중심을 실어 신체 중에서 제일 밑에 위치하게 뻗어주며 부상(물 위로 떠오름)할 때 시선은 앞을 향하게 하고 머리부터 올라옵니다. 킥을 내려차면 힙은 상승하고, 가슴은 누른 상태이며 다리는 허리로 끌려오는 느낌이 들게 하면 평영의 웨이브가 이루어집니다. 이렇게 연습을 하고 난 다음 손동작에 맞추어 웨이브를 하게 되면 입수하고 부상하는 동작에서 접영의 웨이브를 하듯 좀 더 빠른 추진력을 얻을 수 있고 부상도 쉬워집니다. 입수 시 너무 깊게 들어가지 않도록 주의하고 웨이브가 잘 안 될 때는 양 손 입수 시 30° 아래방향으로 입수하면 웨이브의 감을 좀 더 확실하게 느낄 수 있습니다.

평영의 입수자세 - 약간 아래 방향으로 입수를 하여 웨이브 연습

평영의 웨이브 - 가슴을 눌러주며 힙이 올라간 상태

평영 시 손과 발의 리듬(밸런스)에 대해 알려주세요

킥에 의한 강한 추진력이 있으면 팔 동작도 힘이 들어가지 않으며 신체의 밸런스를 잡을 수 있습니다. 킥으로 어느 정도 추진력이 생기면 팔과의 연결동작을 하게 되는데 이때는 타이밍이 아주 중요합니다. 우선 연결동작은 글라이드형, 엇박자형, 동시형 세 가지로 구분할 수 있습니다.

처음 콤비네이션 동작을 익히는 평영 초보자들은 손동작이 완전히 끝난 다음 연결동작을 연습하는 것이 좋으며 양팔을 귀에 붙여 뻗어준 다음 다리를 접어 킥을 차는 글라이드형이 좋습니다. 손동작은 작은 삼각형을 그리듯 어깨넓이 정도만 팔을 벌려 가슴으로 모아주며 호흡을 합니다. 완전히 머리를 숙여 킥을 차면 자세가 흐트러지지 않을 것입니다.

상급자 이상의 수준이 되면 가장 이상적인 형태인 엇박자형을 할 수 있습니다. 양손이 리커버리 될 때쯤에 킥을 차는 엇박자형은 빠르게 안으로 젓기와 되돌리기를 할 때쯤에 발이 리커버리 되면서 킥을 차면 빠른 추진력을 낼 수 있습니다. 초급자들이 이런 동작을 흉내내면 호흡 시 한 박자 멈추게 되어 동시형이 되므로 금방 지치게 됩니다.

손과 발을 동시에 움직이는 동시형 평영은 저항이 커서 에너지소모가 많으므로 권장하지는 않습니다. 그러나 머리를 들고 하는 헤드업 평영은 몸이 쉽게 가라앉기 때문에 동시형 평영을 해도 좋을 듯 합니다.

글라이드형 – 양손은 앞으로 뻗고 발은 되돌리기를 시작

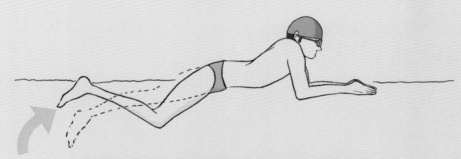

엇박자형 – 양손이 가슴 앞에서 모아져 입수가 되기 직전에 발은 되돌리기를 시작

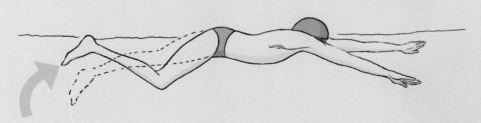

동시형 – 양손이 벌어지는 시점에서 발은 되돌리기를 시작

Q 평영을 할 때 대퇴부관절 부위와 무릎 쪽에 통증이 심해서 평영 킥을 제대로 할 수 없습니다. 어떻게 하면 될까요?

A 수영은 가장 상해가 적은 스포츠 중의 하나 입니다. 하지만 수영종목 중 평영은 다른 영법과 달리 잘못된 동작으로 인해 통증을 느끼게 되는 경우가 종종 있습니다. 다른 영법은 내려차고 올려차며 추진력을 받지만 평영은 앞뒤로 움직이게 되어 있는 무릎관절을 옆으로 접어 돌려차는 동작 때문에 지나치게 힘을 주고 차다보면 무릎관절 주변의 근육과 인대에 손상이 가거나 대퇴부의 관절에 통증을 유발할 수 있습니다.

평영의 동작은 대퇴관절 유격의 역할로 가능한 것인데, 초보자들은 대퇴부 관절의 유연성이 적고 동작이 익숙하지 않아 힘을 많이 주게 되어 그런 증상이 나타날 수 있습니다.

그렇다고 너무 걱정하지는 마십시오. 잘못된 동작을 반복하다 보면 누구나 겪을 수 있는 과정입니다. 아무리 심한 통증이라도 물의 밀도는 공기의 800배나 되기 때문에 지상에서 하는 운동으로 생긴 통증처럼 악화되지는 않을 것입니다. 우선 당분간은 평영 킥을 중단하고 물 속에서 걷고 뛰는 동작으로 근육의 회복기간을 갖는 것이 좋습니다. 그리고 스트레칭과 같은 유연성 운동을 하여 상태가 좋아지면 바른 자세로 다시 시도해 보시기 바랍니다.

tip 평영 킥의 자세를 취하기 위해서는 무릎을 바깥쪽으로 틀어주어야 하는데 이 때 대퇴부 바깥쪽의 근육을 많이 사용하게 됩니다. 이 근육은 일상생활에서 흔히 사용하지 않기 때문에 많은 훈련을 통해서 이 근육을 발달시켜야 정교하고 강한 평영 킥을 할 수 있게 될 것입니다.

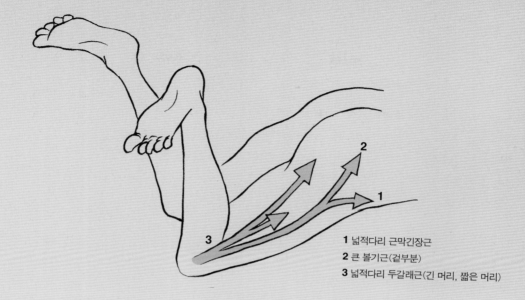

1 넓적다리 근막긴장근
2 큰 볼기근(겉부분)
3 넓적다리 두갈래근(긴 머리, 짧은 머리)

평영킥의 자세를 취할 때 쓰이는 근육

SWIMMING

접 영

01

인어와 같은 웨이브를 쉽게 할 수 있는 방법이 없을까요?

Q

A 사람은 다관절의 어류와는 달리 대퇴부와 무릎관절이 꺾여 자연스러운 웨이브를 하기는 어렵지만 많이 연습하면 가능합니다.

웨이브의 중심은 바로 가슴에 있습니다. 가슴을 밑에서 앞으로 내밀며 밀어주면 바닥을 향한 턱은 자연스럽게 앞쪽으로 향하고 가슴을 말아줄 때는 다시 바닥을 향하게 됩니다. 목과 턱에 힘을 전혀 주지 말고, 가슴에 의해 자연스럽게 움직이게 하십시오. 이렇게 가슴 – 배 – 힙 – 허벅지 – 무릎 – 발 등의 순으로 순차적으로 앞으로 내밀었다가 원위치로 복귀하는 것이 웨이브입니다. 브레이크댄스를 추듯 부드러운 진동을 해야 합니다.

연습방법은 처음에는 제자리에 서서 앞뒤로 반동을 하듯 허리를 움직여주고 그 다음에 낮은 풀에서 양팔은 차려 자세를 하고 수면 바로 아래 20cm 정도만 들어가 가

차려 자세에서 웨이브 자세

슴을 축으로 해서 발끝으로 진동을 느끼며 웨이브 연습을 합니다.

조금 감을 잡으면 양팔을 머리위로 뻗어 한 뼘 정도 벌린 채 팔꿈치와 엄지손가락이 수면과 수평이 되게 만들며 힘을 최대한 뺀 상태에서 팔은 별개의 것이라 생각하고 몸의 움직임으로 웨이브를 해줍니다. 다리는 몸에 붙어있는 부속물이라고 생각하고 완전히 힘을 빼 허리를 따라 움직이게만 하며 내려차는 소리가 나지 않게 물 속에서 가볍게 지느러미가 움직이듯이 따라갑니다.

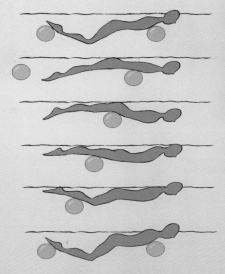

사람의 몸체로부터 공이 미끄러지는 모습

이렇듯 상체의 웨이브가 자연스럽게 이루어지면 다리를 살짝 접고 발목의 스냅을 이용해 조금 강하게 차주면 웨이브의 속도를 높여주는 킥이 됩니다.

02

Q 접영 발차기를 아무리 해도 앞으로 나아가지 않고 제자리에 있어요

A 웨이브를 익히지 않은 상태에서 발차기를 하게 되면 무릎관절이 심하게 접혀 힘만 들어가고 접영 발차기가 쉽게 되지 않을 것입니다. 우선 접영의 웨이브를 충분히 익히고 발차기는 몸의 웨이브에 따라 끝 동작에서 살짝 가미시켜 준다고 생각하면 됩니다. 발목에 힘을 빼고 지느러미처럼, 연꼬리처럼 따라가면서 살짝 눌러주면 웨이브로 앞으로 나가는데 속도를 증가시켜 줍니다.

연습방법은 벽을 잡고 팔과 머리는 고정을 한 상태에서 허리 이하만 움직여 허벅지와 무릎관절이 자연스럽게 움직이게 하여 발차기 연습을 합니다.

벽 잡고 발차기 하는 모습(내려차기)

벽 잡고 발차기 하는 모습(올려차기)

발차기의 감을 잡지 못한 상태에서 킥판을 잡고 발차기를 하는 것은 쉽지 않습니다. 가급적이면 킥판 없이 웨이브를 하며 발차기를 연습하는 것이 더욱 좋습니다.

발차기의 내려차기 올려차기 구분동작을 사진과 함께 익히시기 바랍니다.

▪ **내려차기** : 발이 몸통선 위로 지난 다음 대퇴부관절의 구부러짐에 의해 시작하게 되며 힙은 상승하고 발등이 내려간다. 내려 찰 때는 양 엄지발가락을 붙인 채 무릎관절을 자연스럽게 45° 정도 구부리며, 발등이 뒤쪽과 아래쪽 방향으로 눌러주는 느낌을 받는다.

▪ **올려차기** : 내려차기 동작에서 충분히 뻗었을 때 시작되며 힙이 하강하고 발바닥이 상승한다. 올려 찰 때는 양발을 쭉 펴서 올려차기를 해주고, 발바닥이 뒤쪽과 위쪽 방향으로 물을 밀어주는 느낌을 받는다.

03

Q 접영 팔동작을 쉽게할 수 있는 방법이 있을까요?

A 접영의 콤비네이션을 처음 익히는 사람은 항아리모양으로 물을 잡아 푸시 동작을 하는 것은 기대하기 어렵습니다. 우선 양손을 가슴 밑에까지 긁어와 킥을 차며 푸시 하는 동작으로 먼저 리듬을 익혀야 합니다. 그리고 웨이브를 잘 할 줄 알아도 팔 동작과 연결을 하면 몸이 굳어져 상체의 웨이브 없이 팔의 힘으로 누르며 부상을 하려는 습성이 있습니다. 물을 얇게 타며 접영을 하는 것 또한 어려우니 입수 시 힙을 올리고 가슴으로 물을 누르며 바닥을 향한 코가 어깨를 밀어주면서 서서히 정면을 바라보며 부상하도록 합니다. 그리고 수면 가까이 부상하게 되면 그때 팔을 서서히 뒤로 밀어주면서 푸시 동작을 하면 리듬을 맞출 수 있습니다.

이러한 방법을 활용하여 하나둘, 하나둘 리듬에 맞춰 연습을 합니다.

하나 동작은 입수를 나타내며, 물 속에서 가슴을 누르고 길게 뻗어줍니다. 둘 동작은 부상하는 동작을 나타내며, 호흡을 돕고 리커버리를 잘 할 수 있게 해줍니다. 이런 방법을 활용해서 리듬을 익힌 후 접영의 물잡기 동작에 들어갑니다.

지금까지는 부상할 때까지 그냥 뻗어주면서 기다렸지만, 이제는 가만히 기다리는 것이 아니라, 물잡기를 하며 웨이브를 합니다.

접영 팔 동작

▪ **입수**(Entry) : 양팔은 어깨넓이 정도 벌리고 손바닥은 45° 바깥쪽을 향한 채 팔꿈치 안쪽 면이 수면에 닿도록 하여 팔꿈치가 구부러지지 않고 입수를 합니다.

▪ **밖으로 젓기**(Outsweep) : 어깨 넓이 정도 벌려 입수를 하고 입수하자마자 즉시 가슴을 누르면 양팔이 자연스럽게 바깥쪽으로 벌어지면서 미끄러지는데 이 때는 많은 압력을 가하지 않는다.

- **휘감기(Catch)** : 서서히 어깨 폭을 벗어나면 손목을 30° 정도 살짝 구부려 캐치동작을 한다.

- **아래로 젓기(Downsweep)** : 아래로 젓기는 캐치동작을 한 후에 하게 되며 전방에서 봤을 때 30° 정도 기울여 팔꿈치를 세우고 압력을 조금씩 느낀다. 이 때 시선은 전방을 향하고 가슴은 앞을 향해 누르며 웨이브로 부상을 하기 시작한다.

- **안으로 젓기**(Insweep) : 양손을 고정하고 가슴을 누르며 끌어올리고 난 후 양손은 다시 가슴 쪽을 향해 점점 압력을 가한다.

- **푸시**(Push) : 가슴까지 긁어온 물은 배꼽을 지나 위쪽, 뒤쪽, 바깥쪽 방향으로 빠르게 푸시를 한다. 이 때 엄지손가락이 허벅지를 스치는 느낌을 갖게 한다.

- **되돌리기**(Recovery) : 호흡을 위한 동작으로 두 번째 킥은 되돌리기를 돕는다. 손바
닥이 허벅지에 닿을 무렵 이미 팔꿈치는 수면 위로 되돌리기 할 준비를 합니다. 되
돌리기는 관성에 의해 부드럽게 어깨관절을 이용하여 수면 살짝 위로 수면과 수평
이 되게 돌려준다. 이때 호흡을 하는데 호흡하는 모습을 앞에서 보지 못하도록 빠
르게 숙여 감춘다.

손의 전체적인 궤적 모양

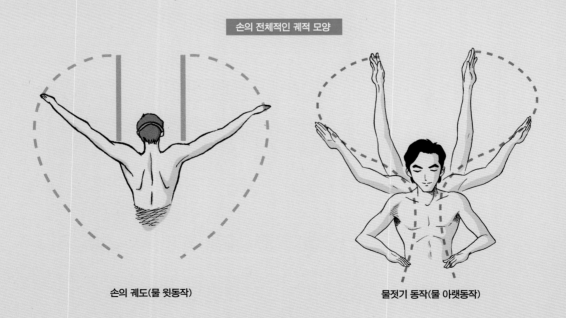

손의 궤도(물 윗동작)　　　　　　物젓기 동작(물 아랫동작)

Q 팔과 다리의 리듬이 전혀 맞지 않아요, 좋은 해결방안이 있을까요?

04

A 접영 초보자들은 누구나 겪는 과정입니다. 웨이브가 미숙한 상태에서 팔동작과 발차기에만 신경을 써 뻣뻣해진 몸을 발차기와 팔의 힘으로 저으려 하다 보면 리듬 맞추기가 쉽지 않을 것입니다. 우선 몸의 웨이브를 바탕으로 팔과 다리는 보조 역할을 해 주어야 합니다. 팔과 다리에 의해서 앞으로 밀고 나간다고 생각을 하면 안 됩니다.

저는 개인적으로 접영 킥을 따로 지도하지 않습니다. 접영을 처음 배우는 사람이 접영 킥을 열심히 하다보면 다리에 많은 힘을 주어 발차기의 힘으로 부상을 하려 하기 때문에 오히려 방해가 되는 경우가 많습니다.

킥은 가슴으로부터 이어지는 끝 동작으로 살짝만 눌러주면 됩니다. 가슴으로부터 시작하여 허리를 따라 진동하며 움직이면 발차기는 자연적으로 이루어지게 됩니다. 현재 밸런스가 맞지 않는 이유도 바로 이것입니다. 입수하자마자 웨이브가 없는 관계로 바로 부상하는 킥을 급하게 차게 됩니다. 풀 동작은 이제 시작하려고 하는데 이미 발차기는 끝나게 됩니다. 그렇게 되면 팔의 힘으로만 부상을 해야 합니다.

팔은 수직방향으로 눌러 애써 상체를 일으켜 세우는데 급급하며, 수면 밖으로 빠지질 않아 리커버리 또한 무거운 물을 안고 가서 힘들겠지요. 이런 이유들로 타이밍이 안 맞는 것입니다.

입수를 하며 뻗어주기 자세를 취하고, 풀동작을 시작할 때 눌러준 허리를 서서히 풀어주면서 다리는 허리를 따라 수면 위로 올라와 부상하는 킥을 차려고 준비를 하고 있을 것입니다.

접영 리듬이 맞지 않는 사람은 바로 다리가 끌려오는 동작이 되지 않습니다. 짧은 킥을 차며 입수를 하고 바로 수직방향으로 올라와 부상하는 킥을 급하게 차고 많은 힘이 들어간 상태에서 킥이 이루어집니다.

이런 내용을 이론적으로 이해하셨으면 몸소 느낄 수 있도록 연습을 해야 합니다. 중요한 것은 입수동작인데 입수를 하고 난 다음 물 속에서 가슴-허리를 이용해 하체를 쭉 끌어주는 느낌이 들게 만들어 주어야 합니다.

가슴을 누르고 허리를 눌러주면 힙은 자연스럽게 올라오고 다리는 허리를 향해 끌려오게 되어 있습니다. 이런 웨이브의 형태가 계속 이루어지면 풀 동작의 물잡기 동작에 맞춰 킥이 이루어져 자연스러운 접영 동작을 연출할 수 있습니다.

이처럼 접영의 타이밍이 맞기 위해서는 접영의 모든 복합적인 동작이 조화롭게 이루어져야 한다는 것입니다.

접영의 제1킥과 제2킥에 대해 알고 싶어요

제1킥이 입수 할 때의 킥인지, 부상 할 때의 킥인지, 여러 수영 책에도 많이 혼동되어 있는데 스윔닥터에서는 입수할 때의 킥을 제1킥으로 정하였습니다. 그렇게 설명을 하는 것이 책을 읽는 수영인들에게도 설명이 쉽게 되는 것 같아 입수하는 킥을 제1킥, 부상하는 킥을 제2킥으로 설명드립니다.

1킥은 팔이 입수가 되면서 물 속에서 짧고 빠르게 찹니다. 입수하는 1킥은 빠른 추진력을 낼 수 있으며 물 속에서 길게 밀어줄 수 있는 원동력이 됩니다. 2킥은 부상하여 팔의 되돌리기를 돕는데 중요한 역할을 합니다. 2킥의 타이밍을 못 맞추는 분들이 많은데 그것은 웨이브 없이 바로 2킥이 빠르게 들어가서 그렇습니다.

1킥을 차고 가슴과 허리를 눌러 힙은 수면 위로 숨쉬게 하고 상체는 수면 밑으로 추진력을 받고 밀고 나가면서 서서히 부상을 합니다. 상체가 올라오는 시점부터 힙이 내려가면서 서서히 다리가 허리 쪽으로 끌려가 수면 위에서 차는 두 번째 킥을 준비합니다. 상체가 서서히 웨이브로 부상을 할 시점에 팔은 바깥쪽으로 벌려 물젓기를 시작합니다.

팔꿈치를 세워 괘적을 그리며 턱 밑으로 긁어오고, 다리는 수면 위로 발바닥이 보이게 부상합니다. 머리는 수면 가까이 부상하고 있고, 손은 턱 밑으로 긁어온 물을 위로 젓기(푸시) 하면서 바로 이때 두 번째 큰 킥이 들어갑니다.

접영 초보자들은 두 번째 킥에서 많이 실수합니다. 이때 허벅지에 많은 힘이 들어가고, 심지어 자유형 킥을 차는 분들이 많이 있으며, 상체의 웨이브 없이 팔의 힘과 다리의 힘으로 부상을 하려다보니 리듬이 안 맞는 경향이 많습니다. 이렇듯 발차기의 정확한 시점과 포인트를 잡아 연습을 한다면 접영을 좀더 수월하게 할 수 있을 것입니다.

Q 만세접영을 고치려면 어떻게 해야 할까요?

A 접영 초보자들은 이러한 고민을 많이 하고 있으며 또한 상체가 많이 나와야 좋은 줄로만 알고 있어 부상할 때 혼신의 힘을 다해 물을 당겨 부상하려고 하지요. 부상할 때는 최소한 가슴까지 나와야 호흡하는 느낌을 받는다고 생각을 합니다.

 하지만 절대 그렇지 않습니다. 부상할 때는 어깨가 나올 정도면 되고 가슴을 누르며 시선은 천천히 들어주어 빠르게 호흡을 하고 입수할 때는 머리를 숙여 등을 둥그렇게 말아주며 빠른 재입수를 해야 합니다.

 접영 초보자들이 만세접영을 하는 이유는 바로 물을 눌러 상체를 많이 나오게 해서 그렇습니다. 손은 머리 앞에 있는 상태에서 손바닥이 바닥을 향해 힘차게 눌러 부상을 하지요. 머리를 빨리 수면 밖으로 들고 싶은 본능에서 힘차게 물을 눌러 부상을 합니다. 그렇게 되면 팔은 수면 밖으로 빠지지 않아 힘든 되돌리기가 되어 엄지손가락부터 빼면서 팔을 들게 되고 심지어는 팔도 구부러집니다. 그래서 물 속에서의 위로 젓기(푸시)동작이 없이 물 속에 있는 팔을 빼려는 습성으로 팔이 하늘을 향해 만세접영을 하게 되는 것입니다.

 그리고 머리가 공중으로 부상을 한 다음 머리부터 빠른 재입수를 해야 하는데 좀 더 호흡을 많이 하고 싶은 마음에 머리가 가슴보다 늦게 들어갑니다. 그렇게 되면 물 속에서 머리보다 허리가 내려가게 되는 형색이 되어 웨이브가 전혀 이루어지지 않아 앞으로의 추진력은 기대하기 어렵습니다. 이런 식으로 반복하여 접영을 하면 체력소모가 많아 25m도 채 가기 힘듭니다.

물 속에서 팔의 힘으로 당기거나 누르지 말고, 손바닥을 바깥쪽에서 뒤쪽과 안쪽을 향해 물을 캐치하여 고정한 다음 가슴을 끌어당겨 웨이브로 부상을 하여 정확한 킥과 함께 푸시 동작이 이루어지면 팔이 쉽게 빠지고 또 상체가 많이 나오지 않아 올바른 입수동작을 할 수 있습니다.

물론 이론처럼 쉽지는 않습니다. 이미지와 이론을 토대로 머릿속에 집어넣은 다음 피부로 느낄 수 있도록 많은 반복연습을 해야 할 것입니다.

접영을 할 때 힙이 올라와야 한다고 하는데 힙이 올라오지 않습니다. 나는 한다고 하는데 왜 힙이 올라오지 않는 것일까요?

앞 질문의 답변과 거의 비슷합니다. 팔의 힘으로 당겨 힘들게 부상하면 머리는 높게 치솟고 힙은 내려가게 됩니다. 호흡을 할 때는 멀리 정면을 보지말고 바로 수면 앞에 있는 물을 보며 호흡을 해야 빠른 재입수를 할 수 있으며 등을 둥그렇게 말아주어야 합니다. 입수를 할 때는 정면에서 보았을 때 호흡을 했는지 안 했는지 조차 모를 정도로 빠른 재입수를 해야 합니다.

출수 시 시선

이런 방법으로 빠른 재입수가 되어야 하는데 얼굴과 가슴이 같이 입수하거나 심지어 가슴부터 먼저 떨어지면 힙은 상승하지 않고 수중에 들어갔을 때 척추가 수평인 상태가 되기 쉽습니다. 이렇게 되면 힙이 상승하지 않아 웨이브가 없는 상태에서 힘든 접영을 하는 형태가 됩니다. 접영 입수동작은 마치 스타트를 하듯이 머리 – 등 – 힙 – 허벅지-발끝의 순으로 점차적인 입수가 되고 위로 젓기(푸시)시에는 빠른 속도로 힙 옆에 얇은 판을 치고 반작용으로 넘어가듯이 무게중심을 뒤에서 앞으로 이동하며 빠른 재입수를 해줍니다. 입수 시에는 힙을 상승시키고 가슴을 눌러 앞으로 나아가야 빠른 추진력을 낼 수 있습니다.

가슴부터 시작해서 허리의 움직임으로 골반이 위아래로 상승을 하는데 실제 힙이 많이 움직이는 것 같이 보이지만 힙의 동작이 주변의 물결변화 때문에 과장되게 보일 뿐 실제 위아래로 20~30cm 이상 크게 움직이지 않습니다.

입수 시의 힙 위치

부상 시의 힙 위치

지상에서 할 수 있는 접영 연습방법으로서는 어떤 것들이 있나요?

접영은 강한 어깨와 유연성이 필요하고 허리의 유연성이 매우 중요합니다. 어깨 및 허리의 스트레칭을 많이 해주면 접영 시 많은 도움이 됩니다. 다음은 어깨를 누르며 스트레칭을 하는 동작인데 접영 입수 시의 동작을 연상하며 어깨를 누르고 가슴을 눌러줍니다. 마치 물 속에서 입수를 했다고 생각하며 눌러주면 더욱 효과적으로 연습을 할 수 있습니다.

벽 잡고 접영 누르기 동작

지상에서 접영 풀 동작을 연습합니다.

접영 풀 동작 연습 (구분동작)

가슴을 누르며 어깨를 앞으로 뻗어준다.

바깥쪽에서 안쪽으로 물을 잡아 팔꿈치를 세워준다.

양손을 가슴 밑으로 모아 당겨주고 시선은 천천히 들어 앞을 본다.

가슴 밑으로 긁어온 물을 엄지손가락이 허벅지를 스치듯 푸시 한다.

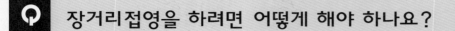

장거리접영을 하려면 어떻게 해야 하나요?

접영은 다른 영법에 비해 순간적인 체력소모가 커서 장거리 영법으로는 부적합합니다. 접영 100m 이상을 일반인이 하기 위해서는 지구력도 좋아야 할 뿐더러 최력소모를 최대한 줄일 수 있는 기술이 필요합니다.

우선 체력적인 면이 다른 사람보다 강해야 하므로 강한 심폐지구력과 근지구력운동을 통해 오래할 수 있는 능력을 키우고, 수영기술은 글라이드를 길게 하고 푸시 할 때 너무 많은 힘을 들이지 않고 웨이브로 진행할 수 있는 능력을 길러야 할 것입니다. 무엇보다도 많은 연습으로 체력적인 면과 기술적인 면을 고르게 갖추는 수밖에 없습니다.

접영 초보자인데 접영을 하면 머리가 너무 아파요

가슴-허리를 이용한 진동으로 웨이브를 하여야 하는데 초보자들은 머리-가슴-허리가 하나가 되어 심하게 위아래로 수직운동을 하는 경우가 있습니다. 머리가 수면 바로 밑에 있는 것이 아니라 심하게 움직여 바닥까지 내려갔다 올라왔다 하며 웨이브를 하게 되면 두통을 느낄 수 있습니다.

자꾸 머리를 숙이다 보니 바닥까지 내려가고 머리를 심하게 숙인 상태라 코로 물이 들어가 물을 많이 먹게 됩니다. 이런 형색을 하며 접영을 하다보면 심한 두통이 생기며 어지럼 증세까지 나타나게 되어 접영 하는 것을 두렵게 생각할 수 있습니다.

머리-가슴-몸통이 수면 바로 밑에서 웨이브로 진행을 하고 다리는 물에 완전히 맡긴 상태에서 연꼬리처럼 흐느적거리며 따라가는 발차기를 해주어야 합니다.

11

Q **허리통증이 심한데 의사선생님은 접영을 하지 말라고 합니다. 어떻게 해야 할까요?**

A 접영에 익숙한 상급자 수준의 실력이라면 괜찮겠지만, 배우는 과정에 있는 접영 초보자라면 문제가 될 수도 있습니다. 허리가 전혀 아프지 않은 사람도 허리를 위아래로 심하게 흔들며 힘을 주면 뻐근한 근육통을 느낄 수 있습니다.

자유형과 배영도 허리의 근력과 유연성을 필요로 합니다. 자유형과 배영을 별 무리없이 했다면 허리의 상태는 좋다고 판단됩니다. 통증이 걷지도 못할 정도로 심하지 않다면 접영을 배우셔도 크게 지장은 없을 것입니다. 익숙하지 않은 동작 때문에 자꾸 힘이 들어가 통증을 느낄 수 있지만 허리를 움직여 척추주변의 근육에 긴장을 주면 허리 근육을 강화시켜주는데도 많은 도움이 될 수 있습니다. 무리하지 말고 조금씩 쉬어가며 연습을 하고 요령만 잘 터득한다면 큰 문제없이 배울 수 있으니 용기를 갖고 도전해 보시기 바랍니다. 그러나 욕심을 내서는 절대 안 됩니다. 전문의와의 상담을 통해 어느 정도 호전이 되면 주의하여 연습을 하고, 통증이 심해 걷기조차 힘들 때는 물 속에서 걷고 뛰는 아쿠아피트니스를 한 후에 영법에 도전을 하는 것이 좋습니다. 처음에는 차려 자세에 수평뜨기를 한 상태에서 온 전신에 힘을 빼고 가슴부터 발끝까지 진동하는 웨이브부터 익히시기 바랍니다.

SWIMMING

스타트 · 턴

01

Q 스타트의 종류와 쉽게 따라할 수 있는 스타트 방법을 알고 싶어요

A 스타트는 물 속에서 출발하는 방법과 물 밖에서 출발하는 방법의 두 가지가 있습니다. 물 속에서 출발하는 종목으로는 배영과 혼계영이 있고, 일반인이 쉽게 할 수 있는 스탠딩 스타트 방법이 있습니다.

그리고 물 밖에서 출발하는 종목으로는 자유형·평영·접영·혼계영·계영이 있고, 스타트 방법으로는 와인드업 스타트(Wind-up Start)와 그랩 스타트(Grab Start)가 있습니다. 과거에는 와인드업 스타트를 많이 사용했는데 요즘은 정지된 자세에서 보다 빠르게 출발대를 차고 나갈 수 있는 그랩 스타트를 선호합니다. 와인드업 스타트는 릴레이경기에서 유용하게 쓰이는데 그 이유는 첫 번째 선수를 제외하고 2, 3, 4번째 선수는 스타트 시점을 정확히 알고 있기 때문에 터치하려고 들어오는 선수가 터치하기 전까지의 짧은 순간 동안 와인드업 스타트에서 발생하는 여분의 운동량을 이용할 수 있기 때문입니다.

물 속에서 할 수 있는 스탠딩 스타트

- **한발 스타트** : 수중에서 벽 앞에 한 발로 선 채 한 발을 벽에 대고 상체를 수중에 넣어 출발하는 자세
- **양발 스타트** : 수중에서 벽 앞에 양 발로 선 채 동시에 두 발을 벽에 대고 상체를 수중에 넣어 출발하는 자세

그랩 스타트(grab start)

준비자세 4가지 방법

① 양 손을 발 바깥쪽에 건다

② 양 손을 발 안쪽에 건다

③ 양 손은 스타트대 사이드를 잡는다

④ 크라우칭 스타트 자세 : 마치 100m 육상달리기를 하듯 자세를 취하고 한 발에 의
   지하여 출발하므로 힘은 약하나 요즘은 스타트에서 한 번 실수를 하면 실격처리
   를 받는 관계로 안정적인 이 자세를 많이 활용한다.

양 손을 어깨폭 정도로 잡고 움츠려 출발하며 연소자들이 사용하기 편리하다.	손을 최단거리에서 전방으로 움직이는 이점이 있으나 순간적인 파워는 약간 떨어진다.	양 손으로 몸을 지지하고 쓰러질 듯 몸을 앞으로 기울인다.	앞으로 쏠리지 않아 안정된 자세로 출발할 수 있다.

준비자세에서부터 입수하여 부상하기까지

① 스타트대를 잡은 상태에서 체중을 뒤에 싣고 총소리에 귀를 기울인다.

② 손을 밀고 뛸 준비를 하며 몸을 최대한 움츠린다.

③ 체중을 뒤에 싣고 총소리와 함께 스타트대를 강하게 밀어 차고 나간다.

④ 몸은 30° 정도 전방으로 뛰어 오르며 발끝에 힘을 준다.

⑤ 손을 머리 위로 올려 몸이 일직선이 되었을 때 양 발이 떨어진다.

⑥ 최고점에 도달하면 허리를 기준으로 하체를 들어올린다.

⑦ 양 팔은 입수하는 지점을 향해 내리고 반동으로 하체는 올라오게 된다.

⑧ 양 손을 모아 45°의 각으로 손끝부터 점차적으로 입수한다.

⑨ 손과 머리까지 입수가 되면 양 손을 들어주고 머리를 들어 앞을 향해 접영 킥을 찬다.

⑩ 몸이 수면에 완전히 부상하기 위해 자유형 킥을 강하게 차며 부상하여 영법을 취해 앞으로 나아간다.

02

Q 스타트를 할 때 자꾸 수경이 벗겨집니다

A 스타트 시에는 수경의 코 조절부위를 꽉 눌러 착용하고 수경의 끈도 옆에서 봤을 때 삼각형이 되게 착용하는 것도 매우 중요합니다.

무엇보다도 수경이 벗겨지는 이유는 물을 보고 입수하거나 입수 시 머리를 들어 물의 압력에 의해 수경의 바킹에 틈이 생겨 물이 들어가 수경이 벗겨지는 것입니다. 스타트 시에는 수경을 꽉 눌러쓰고, 양팔을 머리 뒤로 넘어가게 하며 머리가 입수되기 전까지는 발을 보고 입수를 하면 수경이 벗겨지지는 않을 것입니다.

양팔을 머리위로 하고 다리를 보며 손끝부터 입수한다. 손과 머리가 입수하면 손과 머리를 앞으로 들어주면서 킥을 차며 앞으로 나아간다.

Q 스타트 연습방법을 알고 싶어요

A 스타트를 처음 배울 때는 물에 대한 두려움이 심해 점프스타트를 하기가 어렵고 바닥에 닿을 것 같은 두려움 때문에 배치기를 하는 경우가 많습니다.

단계별 스타트 연습방법

- 풀 사이드에 걸터앉아 발바닥을 벽에 대고 손과 머리부터 입수

- 왼발은 풀 사이드에 발가락을 걸고, 오른발은 왼발 뒤꿈치선 위치에 주먹 한 개나 한 개 반 정도의 간격으로 벌려 쪼그려 앉아 머리를 숙여 입수

▪ 위의 방법과 동일하며 힙을 들어주면서 힙이 머리보다 높게 하여 입수

▪ 양 발을 풀 사이드에 대고, 다리를 쭉 펴 준 상태에서 입수 – 손과 머리를 20cm 정
도 깊이로 입수하면서 정면을 향해 들어주며 서서히 부상하여 올라온다.

• 점프스타트를 하기 전에 제자리에서 양손을 모아 머리 위로 올리고 점프연습을 수
  차례 반복한다.

• 양 발가락을 풀 사이드 끝에 걸고 무릎은 90° 정도 구부린다.
  양손은 가슴 앞에 위치하고 앞을 향하면서 손과 머리부터 입수하며
  발끝은 허리를 따라와 손이 입수한 자리에 입수를 하게 한다.

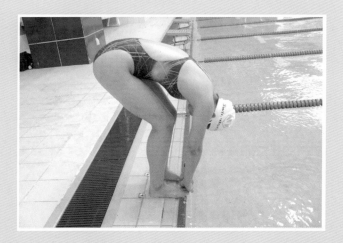

✻ 점프 스타트 연습은 수심이 낮으면 바로 바닥에 닿을 수 있으니 각별히 주의해야 합니다.
  항상 지도자의 지시에 따라 연습을 하며 가급적이면 1.8m 이상 되는 깊은 곳에서 시행하도록 합시다.

배영 스타트를 할 때 코로 물을 많이 먹고 제대로 동작이 안 됩니다. 배영 스타트에서 주의할 점과 요령을 알려주세요

FINA(국제수영연맹)에서의 스타트 룰은 스타트 점에서 15m 이내에 머리가 부상해야 합니다.

준비자세에서부터 입수하여 부상하기까지

① 어깨넓이로 풀 벽이나 스타트 대를 잡고 발끝은 수면 위로 나오지 않게 하며 한 발을 다른 발보다 조금 높게 위치시켜 미끄럼을 방지하고 이상적인 각도를 만들어 주면 비행할 수 있다.

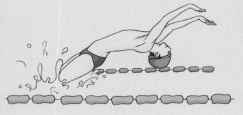

② 상체를 당기고 등을 둥그렇게 말아주며 힙이 수면위로 올라와 몸을 스프링처럼 최대한 움츠린다.

③ 출발신호와 함께 손을 머리위로 올려 두발로 힘껏 차고 나간다.

④ 허리를 수면 위로 일으켜 세워 힙이 수면 위로 올라오게 하며 가슴을 내밀고 시선은 반대쪽 풀 벽을 보며 고개를 뒤로 젖힌다.

⑤ 비행 시 몸은 완전히 펴서 활모양처럼 만들고 두 손은 모아준다.

⑥ 손이 입수할 때 등은 아치형이 되도록 휘게 하여 발이 수면 위로 나오도록 한다.

⑦ 손과 머리가 입수되면 손을 위로 들어주고 머리를 들어주어 접영 킥으로 차고 나간다

⑧ 출발점에서 15m 이내에서 머리를 부상하여 풀 동작을 시행한다.

Q 턴을 쉽게 할 수 있는 방법은 없을까요?

A 모든 영법에 적용되는 사이드 턴을 하면 좀 더 쉽고 경제적으로 할 수 있습니다.

일반적으로 옆으로 회전하는 이 턴은 풀 턴, 인 턴, 오픈 턴 등 여러 가지로 불려지는데 여기서는 사이드 턴으로 용어를 정의하여 그 과정을 사진과 함께 배워봅시다.

▪ 풀 사이드 앞에 서서 한 손으로 벽을 잡고 한 손은 앞을 향해 수중에 입수하는 동작까지만 연습을 한다. 이 때 시선은 풀 사이드 쪽을 향하고 입수 시 손은 머리 위를 향한다.

사이드 턴 시 주의할 점
- 입수가 되기 전에 수면에서 벽을 차고 나가지 말 것.
- 턴을 할 때 시선은 풀 벽을 밀어주는 손 방향을 보며 입수할 것.
- 물 속으로 입수할 때 쪼그린 자세를 분명히 만들 것.
- 몸을 90° 옆으로 틀어주면서 양 무릎이 배꼽선 정도 오면 빠르게 밀면서 입수할 것.
- 평영, 접영도 동일한 방법으로 하면 되나, 양 손이 똑같은 높이로 터치를 해야 하며 풀 벽을 잡아 끌어당기면 실격이 되니, 양 손으로 똑같은 높이로 터치를 해 밀어주면서 입수한다.

뻗어져 있는 팔의 손바닥을 풀 벽에 대고 풀 벽을 보며
몸을 옆으로 틀어 턴 할 준비자세를 취한다 ▶

팔은 약간 구부리고 반대편 손은 차려 자세로 양 무릎이
구부러지면서 옆으로 무릎을 끌어온다. ▶

◀ 양 무릎을 가슴까지 끌어올리고 머리를 들어주면서 풀
벽에 닿은 손을 힘차게 민다. 이 때 시선은 풀 벽 방향 위
쪽을 보며 호흡할 준비를 한다

양 무릎이 가슴을 지나면 풀 벽에서 손이 떨어진다.
이 때 호흡을 강하게 마시며 입수자세를 준비한다. ▶

5

◀ 양 발은 교차하여 풀 벽에 대고, 풀 벽을 밀은 손은 머리를 따라 입수자세를 취한다. 이 때 호흡은 이미 마신 상태이며 입수 시 '음~' 하며 공기를 내뿜고 입수한다.

6

양 발이 교차하여 풀 벽에 닿으면 양 손은 머리 위에서 만나고 몸을 틀어줄 준비를 한다. ▶

7

◀ 양 손을 머리 위에서 포개고 양 발로 힘차게 밀고 나간다.

8

몸을 틀어주면서 유선형의 자세를 취하고 빠른 추진력을 일으키며 진행한다. ▶

Q 자유형에서 퀵 턴을 잘하고 싶은데 코로 물을 많이 먹게 되고 머리가 아파서 제대로 동작을 하기 힘드네요
퀵 턴을 잘할 수 있는 방법을 알려주세요

A 퀵 턴은 빠른 턴을 하기 위한 동작이며 수영에서의 마지막 관문이라 할 수 있습니다. 수영을 배우는 사람이라면 누구나 멋진 퀵 턴을 갈망할 것입니다.

퀵 턴의 연습방법

- 제자리에서 점프하여 회전연습 : 회전시에는 머리를 빨리 감아주며 코로 공기를 내뿜어준다.

힘차게 바닥을 밀며 점프하여 회전 연습을 한다.

머리를 무릎쪽으로 빨리 감고 시선은 다리를 계속 보며 회전한다.

- 코스 로프를 잡고 회전하는 연습 – 코스 로프 아랫부분을 잡고 머리를 숙여 코스 로프를 넘어가며 회전하는 연습을 한다.

▪ 양 손에 킥 판을 잡고 12시 방향에서 6시 방향으로 가져가면서 회전하는 연습

양 손에 킥판을 하나씩 잡는다.

양 팔을 벌리며 머리를 숙여 회전을 한다.

킥판은 다리 쪽으로 모아지고 시선은 다리를 본다.

킥판의 부력을 이용하여 무릎 이하가 앞으로 넘어간다.

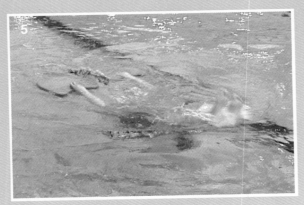

두 킥판은 머리 위에서 만나며 회전을 마친다.

▪ 지도자나 파트너의 손을 잡고 풀 벽 앞에서 회전하여 발바닥이 벽에 닿는 연습

손바닥이 바닥을 향한 채 지도자의 손을 잡고 회전할 준비를 한다.

양 팔을 차렷한 채 머리를 숙여 회전을 한다.

가볍게 돌핀킥을 차며 힙이 수면 위로 올라와 회전을 한다.

무릎 이하가 수면 위로 넘어가며 회전을 한다.

양 발이 수면 위로 넘어가며 풀 벽에 대고 회전을 마친다.

- 자유형 3스트로크에 한 번씩 손을 끌어당기며 회전하는 연습
- 5m 정도 풀 벽과 거리를 두고 자유형 스트로크를 3번 정도 하고 180° 회전하여 배영모습으로 차고 나오는 연습
- 5m 정도 풀 벽과 거리를 두어 180° 정방향으로 회전을 한 다음 횡방향으로 90° 틀어주면서 벽을 차고 나오는 연습

다음은 퀵 턴의 연속촬영사진과 함께 구분동작으로 퀵 턴을 배워 보겠습니다.

풀 벽의 T자를 확인하고 풀 벽의 거리를 살피며 회전할 마음의 준비를 취하고 마지막 젓기를 힘차게 한다.

마지막 젓기를 함과 동시에 턱으로 가슴을 찌르듯 머리를 숙이고 양 손은 차려 자세에서 손바닥을 바닥으로 향하게 한다.

머리는 무릎 사이를 향해 숙여주고 다리는 접영킥을 차며 힙을 상승시킨다.

양손을 포개 머리 위에 모아주고 몸을 90° 옆으로 틀어준다.

양발로 힘차게 차며 몸을 틀어주면서 차고 나아간다.

퀵 턴을 할 때 주의할 점

- 풀 벽에 도달하면 너무 짧거나 길지 않게 거리를 잘 파악한다.

- 회전하는 동안에 눈을 감지 말고 머리를 무릎 사이에 넣는다는 생각으로 한다.

- 머리를 숙이며 돌핀킥으로 회전을 돕는다.

- 머리가 무릎 옆으로 회전하면 옆으로 회전하게 된다.

- 회전하는 동안에는 코로 계속 공기를 내뿜어준다.

- 정방향으로 180° 회전하고, 풀 벽에 발이 닿으면 횡방향으로 90° 틀어주며 밀고 나간다.

- 차려 자세에서 손바닥을 바닥을 향하여 물을 눌러 몸의 회전을 돕고, 스컬링을 통해 균형을 잡아준다.

머리를 빨리 숙여 무릎 사이에 넣고 양손으로 균형을 잡으면 종아리가 넘어간다.

시선은 천장을 바라보고 양손으로 누르며 앞을 향하고 종아리는 수면을 넘어 풀 벽에 닿는다.

양 발이 넘어가 풀 벽에 닿으면 몸을 옆으로 틀어줄 준비를 한다.

양손을 머리 위에 모아주고 유선형의 자세를 취해 앞으로 나아간다.

강한 돌핀킥을 차며 앞으로 나아간다.

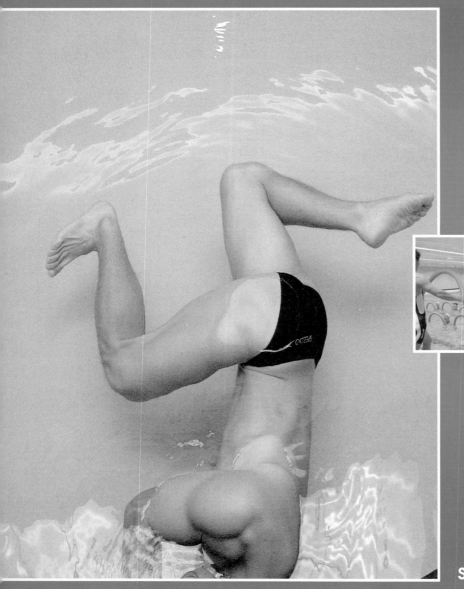

SWIMMING

응용수영

SWIMMING

바다에서 수영을 잘하려면 어떻게 해야 하나요?

바다수영

염분이 포함 된 바닷물에선 수영장보다 부력이 크게 작용하여 체력소모가 적으며 공간의 제한이 없어 더욱 활기차고 역동적인 조건을 제공해 주는 반면, 혼자 수영하거나 먼 곳까지 수영을 하는 것은 위험하므로 수영하기 전에는 조수 조건ㆍ수심ㆍ온도 등 여러 가지 조건을 체크한 다음 수영을 해야 합니다.

파도가 거의 없고 물살이 잔잔하며 코스가 표시되어 있어 똑바로 나갈 수 있는 일반 수영장에서 수영만 하다 바다에서 수영을 하려면 다소 긴장되며 공포심을 느끼게 됩니다. 수영실력이 뛰어나다 하더라도 바다수영의 경험이 없으면 두려운 마음이 앞서고 적응이 안 되어 힘들기 마련입니다. 바다에서 수영을 잘하려면 아래 몇 가지를 주의해서 연습을 하면 좋은 결과를 얻을 수 있을 것입니다.

첫째, 바닷물은 민물과 달리 짠 소금물이기 때문에 적응이 안 된 초보자들은 한 모금만 마셔도 당황하기 쉬우므로 여러 가지 놀이나 잠수를 통해 바닷물에 적응을 해야 합니다.

둘째, 파도를 잘 타야 합니다. 파도가 가장 높을 때 빠른 속도로 파도를 헤쳐 나가고 파도가 가장 높을 때 호흡을 마시며 부드럽게 파도를 넘어간다고 생각하십시오.

셋째, 바닷물 속에는 여러 가지 부유물이 떠다니고 어두우므로 시야가 좋지 않아 공포심을 느끼기 쉽습니다. 바다에서 수영을 할 때는 항상 수경을 착용하고 안전사고에 대비하여 2~3인 이상 함께 수영을 해야 합니다.

넷째, 바다에서는 항상 조류의 흐름을 탈 줄 알아야 합니다. 조류의 속도와 방향은 수시로 변하기 때문에 언제 어느 순간 바다 한 가운데로 떠밀려 나갈지 모릅니다. 항상 조류의 변화를 인식하고 조류가 빨라지면 헤엄을 빨리 하고 조류변화를 이겨 낼 정도의 수영 실력을 키워야 합니다.

다섯째, 갑작스런 변화에 적응해야 합니다. 즉 수심의 변화나 물의 흐름에 따른 온도의 변화로 갑작스럽게 혈액 흐름의 장애를 일으켜 근육경련이 일어날 수도 있습니다. 혼자서 수영을 하다 경련이 일어났을 때 영법을 바꿀 수 있는 대처 능력이 있어야 합니다.

여섯째, 바다에서 장시간 수영을 할 때는 피부의 노출로 화상을 입거나 심하게 탈 수 있으니 각별히 주의를 해야 합니다. 참고로 바다에서 배영만 하면 수경 자리만 빼놓고 얼굴이 검게 그을려 재미있는 형상이 됩니다.

02

제자리에서 오래 뜰 수 있는 입영을 배우고 싶습니다

입영이라 함은 힘을 안 들이고 제자리에 서서 뜨는 것을 말하는데 보통 남자보다는 여자가 적은 에너지를 사용하여 오래 뜰 수 있는 장점이 있습니다(통계적으로). 남자들은 근육과 뼈 자체의 무게가 많이 나가 그만큼 많은 에너지를 소모하므로 여자보다는 불리합니다. 그럼 입영의 종류와 요령에 대해 설명드리겠습니다.

입영을 잘 하기 위해서는 자신의 에너지를 적게 사용하여 힘 안들이고 오래 뜰 수 있어야 합니다. 그러기 위해서는 기술적인 동작들이 필요한데, 손동작으로서는 옆으로 누운 8자 모양의 형태를 그리는 스컬링 동작이라 하며, 킥으로서는 평영 킥·로터리 킥·시저스 킥·자유형 킥 등 여러 가지가 있으나 가장 에너지를 적게 들이며 할 수 있는 방법은 평영 킥을 한 발씩 한 발씩 차주는 로터리 킥을 많이 사용합니다.

로터리 킥

로터리 킥은 평영 킥을 한 발씩 차주는 효과로 한 발을 차주는 동안 다른 한 발이 쉴 수가 있어 에너지를 최대한 줄일 수 있으며 오랜 시간 물에서 뜰 수 있는 킥입니다. 연습방법으로는 의자 끝 부분에 걸터앉은 자세에서 복숭아 뼈 안쪽부위가 바닥을 향하게 하여 무릎을 들고 발바닥 안쪽이 지면과 수평을 이루어 바깥쪽에서 안쪽으로 무릎을 축으로 해서 돌려주는 연습을 해봅니다. 수영장에서는 풀 사이드 가장자리나 코스 로프를 잡고 아니면 킥 판을 잡고 발차기만을 연습합니다.

킥의 감각을 익힌 다음에는 스컬링 자세를 연습합니다. 스컬링은 싱크로나이즈드를 할 때 자주 볼 수 있는 동작입니다. 먼저 허벅지 사이에 킥 판이나 풀부이를 착용하고 책상에 앉은 자세로 허리를 45° 정도 숙여 스컬링 동작을 익힙니다.

손은 어깨넓이보다 조금 더 벌리고 팔은 거의 펴 준 상태에서 팔꿈치를 축으로 옆으로 누운 8자의 형태를 그리며 스컬링 연습을 합니다. 스컬링 동작을 제대로 하면 손바닥 아래에서 소용돌이가 치는 것을 볼 수 있습니다.

스컬링

이렇게 로터리 킥과 스컬링의 자세를 익혔으면 손과 발을 동시에 연습해 봅니다. 처음부터 잘되지는 않겠지만 손동작과 발동작을 천천히 하여 몸에 익히면 1시간 이상도 뜰 수 있는 기술을 익히게 될 것입니다.

입영 콤비

03

Q

인명구조 영법에 사용하는 횡영에 관해 알고 싶어요

A

횡영은 누운 상태에서 가위차기를 하여 추진력을 얻는 영법으로서 인명구조영법에 사용됩니다. 사진과 함께 횡영의 킥과 팔동작을 설명드리겠습니다.

지상에서 횡영 킥 구분동작

옆으로 양 발을 모으고 편하게 눕는다.

윗발이 앞을 향하고 아랫발이 뒤를 향해 벌려 움츠린 자세를 취하고 발가락이 머리쪽을 향하도록 최대한 꺾는다. 윗발의 무릎은 90°의 각을 유지하고 아랫발의 허벅지는 몸과 수직이 되게 만든다.

양 발 끝은 앞뒤 방향으로 최대한 뻗어주며 앞발의 종아리와 발바닥, 뒷발의 허벅지 앞부분과 발등을 이용하여 다리 사이에 있는 물을 최대한 뒤로 짜준다.

모아줄 때는 점점 가속도를 붙이며 뒷발 발등으로 앞에 있는 발의 발바닥과 박수를 치듯 차주며 모아준다.

지상에서 손동작과 발의 콤비네이션 연습

한 손은 올려 귀에 붙이고 한 손은 차려 자세로 뻗어준다.

차려 자세의 손을 몸을 스치며 가슴까지 끌어올리고 뻗어준 손은 손바닥으로 가슴을 향해 당겨준다.

가슴위치에서 양 손이 엇갈리면서 교차하고 윗발이 올라와 다리를 접는다.

뻗어준 손은 앞을 향해 뻗어주고 차렷한 손은 가슴에서 허벅지 방향으로 강하게 밀어주며 허벅지에 붙여주면서 킥을 찬 후 글라이드를 탄다.

글라이드를 타며 다시 콤비자세를 취한다.

✳ **변형된 횡영** : 변형된 횡영은 인명구조 시 익수자의 몸에 다리가 닿기 때문에 윗발이 뒤를 향하고 아랫발이 앞을 향해 익수자를 운반 시 사용하는 변형된 횡영을 말한다.

04

Q 횡영을 하면 무릎이 아파요

A 인명구조영법인 횡영을 연습할 때 잘못된 동작을 반복할 경우 무릎의 통증이 올 수 있습니다. 무릎의 구조는 복잡해서 여러 부분이 고장날 수 있기 때문에 각별히 주의 해야 합니다. 움직이지 않을 때도 통증이 있다면 슬개골의 건염을 의심해 봐야 합니다.

대퇴사두근을 지나치게 사용하다 보면 슬개골 건에 많은 부하가 걸려 통증을 유발할 수 있으며 내측 인대나 십자인대에도 손상이 갈 수 있으니 너무 무리하지 않는 범위 내에서 연습을 해야 합니다. 인대의 약한 손상은 휴식으로 회복이 가능하지만 심한 손상을 입었을 경우에는 전문의를 찾아 검사를 받고 치료를 해야 합니다. 그러나 너무 염려할 필요는 없습니다. 수영으로 인한 인대의 손상은 아주 미약한 정도의 통증이 대부분이므로 충분한 휴식으로 회복이 가능합니다.

정확한 킥 동작의 자세를 익히고 순간적으로 너무 많은 힘을 주지 않는다면 큰 부상은 입지 않을 것입니다.

05

Q | **트러젠 영법을 배우고 싶습니다**

A 트러젠은 19세기 후반 영국인 트러젠(J.A. Trudgen)에 의해 만들어졌으며 그의 이름을 따서 트러젠이라 칭합니다.

트러젠은 빠른 크롤의 스트로크와 강한 평영 킥을 합쳐 놓은 것으로 인명구조시 익수자를 보고 머리를 들어 접근하는 영법으로 많이 활용되어져 왔습니다.

트러젠은 원 킥의 원 풀과, 원 킥의 투 풀 두 가지 형태로 할 수 있으나, 인명구조 영법으로서는 한 스트로크 한 스트로크마다 킥을 차주는 원 킥의 원 풀 형태를 많이 활용합니다. 즉 손이 입수 시 킥을 차주며 약간의 글라이드를 타면서 오랫동안 빠른 스피드로 접근을 할 수 있는 방법입니다.

트러젠 영법

잠영을 하려 하는데 자꾸 떠오르고 숨을 오래 참을 수 없습니다

잠영은 웨이브로도 많이 하는데 일반적으로 평영 킥에 접영 풀 동작을 겸비해서 많이 활용합니다. 우선 수중으로 진행할 수 있게 유선형의 자세를 취해주는 것이 중요하고 수중에서의 평영 킥 연습을 많이 해야 합니다. 자꾸 떠오르는 사람은 킥의 추진력이 약하고 등이 새우등처럼 둥그런 형태로 되어 있어 금방 떠오르게 되는 것입니다.

이렇게 유선형의 자세를 만들고 수중에서의 추진력이 생기면 팔동작을 접영 물잡기로 바깥쪽에서 안쪽을 향해 턱 밑으로 양손을 모아준 다음 허벅지 쪽으로 밀어줍니다. 머리를 숙여 바닥을 향하게 하고 양손은 허벅지 옆에 붙여 손바닥이 수면을 향하게 한 후 글라이드를 합니다. 손이 앞으로 되돌리기가 될 때는 양손이 몸을 스치며 앞으로 향하게 뻗어주고 양손이 얼굴정도 지날 때 평영 킥을 차주며 다시 글라이드를 하고 멈추기 전에 다시 풀 동작을 시작합니다.

이렇게 손과 발, 몸의 형태가 정확히 이루어져야 하며 호흡을 편하게 유지할 수 있는 마음자세가 중요합니다.

사람의 호흡촉발 신경계는 폐 속의 이산화탄소 분압이 일정 이상이 되면 작동하여 호흡을 하게 됩니다. 수심 깊이 들어갈수록 수압이 작용해 폐가 조금 눌리게 되는데 그 때 실제 이산화탄소 분압이 올라간 것으로 착각하여 호흡을 요구하게 됩니다. 그럴 때는 호흡을 한 모금 살짝 내뿜어 주십시오. 전체적 분압은 같으나 신경계가 또 착각하여 호흡촉발시기를 조금 늦출 수 있습니다.

그렇다고 너무 자주 사용해서는 안되고 2~3번 정도만 사용하십시오. 숨을 오래 참는 반복적인 훈련으로 체질적인 변화를 이끌어 최소의 에너지로 오래 갈 수 있는 방법을 이끌어 내야합니다.

임산부에게 수영이 좋을까요?

Q

A 임신 중에 산보나 체조 등의 운동이 좋다는 것은 흔히 알고 있으나 최근 들어 수영이 임산부에게 좋은 운동이라는 조사 결과가 많이 나와 유럽에서도 활발하게 이루어지고 있습니다.

운동을 하기 전에는 의사의 진단을 받는 것이 좋습니다. 임신 중 지상에서 하는 운동은 신체에너지나 모든 근육조직들이 힘겨워 금방 지치고 피로해질 수 있어 가벼운 운동을 해야 하지만 물 속에서는 물의 부력을 받아 자궁을 받치고 있는 근육들의 피로가 적어 적은 에너지를 사용하고도 운동을 할 수 있습니다.

수영은 전신운동으로 꾸준히 하면 분만 시 필요한 근육이 단련되고 폐활량도 증가해 순산에 도움을 주고 또한 수영 시 몸 속에 다량의 산소가 유입되는데 이는 탯줄을 타고 아기 몸으로 보내져 뇌의 활성화를 도와줍니다.

'임산부에게 수영이 좋다'라는 것은 원래 수영을 할 줄 아는 사람이 임신을 하고 나서도 이상이 없는 한 수영을 해도 괜찮다는 의미이지 수영을 전혀 못하는 분이 무리해서 수영을 배워야 한다는 것은 아닙니다. 수영을 전혀 못하는 분들은 물 속에서 걷고 뛰는 동작으로 운동을 하는 것이 좋습니다.

수영을 할 때는 가급적 수영장 회원이 없는 한가한 시간대인 오후 1~3시 사이를 이용하시고 단체강습반에서 강습을 받기보다는 혼자 자유수영을 하며 걷기 동작부터 시작하여 가벼운 워밍업 정도로만 운동을 하고 항상 출산을 위한 준비라는 의식이 있어야 합니다.

임신말기에는 평영은 삼가는 것이 좋으며, 배영과 접영도 가급적 안 하는 것이 좋습니다. 그리고 같은 레인에서 평영을 하는 사람이 있으면 각별히 신경을 쓰면서 주의해야 합니다. 평영은 영법 자체가 옆으로 뻗어 차기 때문에 위험의 소지가 있습니다.

이렇듯 주변 환경에 주의하며 운동을 한다면 수영은 물 속에서 물의 부력을 이용하여 운동을 하는 것이기 때문에 체중을 조절할 수 있으며 하반신의 혈액순환을 촉진시키고 분만을 원활하게 할 수 있는 근력을 향상시켜 줄 수 있어 임산부에게 좋은 운동이 됩니다.

아쿠아로빅(아쿠아피트니스)이 무엇입니까?

Aqua(아쿠아) + Airrobic(에어로빅)의 라틴어 합성어로 물 속에서 하는 에어로빅을 말합니다. 아쿠아로빅은 물의 저항 및 부력을 이용하여 신체와 마음의 건강상태를 최상으로 만들기 위한 운동입니다. 풀에서는 물의 특성상 체력정도가 다른 사람들에게도 모두 맞는 환경이 됩니다.

아쿠아로빅

물의 밀도는 공기의 800배로 물 속에서의 운동은 저항에 의한 근력의 증진과 수중파동마사지를 통한 다이어트효과가 큽니다. 또한 부력은 충격을 감소시켜 주기 때문에 관절을 보호하며, 수압은 내장기능 강화 및 소화촉진능력을 증가시켜 주며 심폐지구력 · 근력 · 근지구력 · 유연성과 신체조성을 모두 고르게 향상시켜 줍니다.

허리에서 가슴 정도 되는 수심에서 시행하며 아쿠아봉이나 기타 도구들을 이용할 수 있어 수영을 전혀 못하는 사람들도 쉽게 따라 할 수 있는 운동으로서 요즘 가장 각광받는 가족스포츠입니다.

Q 철인 3종 경기란?

A 철인3종경기(Triathlon)란 한 선수가 수영, 싸이클, 달리기 세 가지 종목을 연이어 실시하는 대표적인 유산소성 스포츠로서 조화와 균형을 중시하며 극기와 인내를 요구하는 초지구력 스포츠입니다.

미국 샌디에고 해변에서 인명구조원들이 도전적인 복합운동의 하나로 만들어 낸 3종경기는 22년의 연혁을 가지고 있습니다. 1980년 이후로 트라이애슬론은 미국에서 가장 빠른 성장을 보인 스포츠 가운데 하나로 한 해 20만명 이상이 시합에 출전하고 있습니다.

3종경기는 수영, 싸이클, 달리기를 하는 거리에 따라 스프린트(Sprint), 인터내셔널(International), 롱(Long), 철인(Ironman)코스로 나누어집니다.

	수영	싸이클	달리기	비 고
스프린트 코스	0.3 ~ 1km	8~25km	1.5~5km	
인터내셔널 코스	1~2km	25~50km	5~10km	시드니올림픽 때 정식종목으로 채택된 올림픽코스
롱 코스	2~4km	50~100km	10~30km	하프 아이언맨(Half Ironman)이라 불리기도 함
아이언맨 코스	3.9km	180.2km	42.195km	최장시간

1994년 9월 5일 프랑스 파리에서 개최된 IOC총회에서 2000년 시드니 올림픽 정식 종목(수영 1.5km, 싸이클 40km, 마라톤 10km)으로 채택되어 전 세계적으로 보급 · 육성하고 통합하기 위한 국제 트라이애슬론연맹(I.T.U)이 1990년 10월 20일 창설되었습니다.

이처럼 짧은 역사에도 불구하고 올림픽대회 정식종목으로 채택되었다는 것은 3종 경기가 현대인에게 요구되는 대표적인 유산소성 운동종목으로 한 종목만 실시하는 다른 종목에 비해 상해예방과 신체의 균형 있는 발달을 가져오기 때문이며 즐기는 사람들이 날로 증가하고 있는 실정입니다.

SWIMMING

훈련방법

이제 겨우 영법을 흉내 낼 정도입니다.
힘 안들이고 오랫동안 수영을 할 수 있는 장거리 수영에
대해서 알고 싶습니다

장거리 수영을 하려면 지상에서 천천히 조깅을 하듯 편하게 일정한 리듬에 맞춰 호흡을 하는 것이 좋습니다. 1사이클에 한 번씩 호흡을 하고 안정된 자세를 취하며 연습을 합니다. 처음 2~3바퀴는 어렵지만 그 고비만 넘기면 무제한으로 거리를 늘릴 수 있습니다.

아직 호흡이 트이지 않고 힘든 발차기로 많은 열량을 소모하다 보면 어려움이 많을 것입니다. 이제 영법을 흉내 낼 정도라면 물잡기 동작이라든지 힘이 들지 않는 가벼운 킥도 서투를 것입니다. 킥은 가라앉지 않게 안정된 킥으로 2킥이나 4킥을 차면서 균형을 잡아주기만 하면 되고, 힙은 수면에 닿을 정도로 떠서 나가야 합니다. 초보자들은 대개 급한 발차기와 허벅지에 필요 이상의 힘이 들어가 힙과 허벅지 부위가 가라앉기 때문에 미끄러져 가는 느낌을 받지 못합니다.

몸을 길게 뻗어 유선형 자세를 취하도록 하고, 하체가 가라앉지 않게 하여 정확한 풀 동작을 익힌다면 2~3바퀴 정도는 가볍게 할 수 있을 것입니다.

지금 호흡이 트이기 직전의 상태인 것 같은데, 힘들다고 생각될 때 25m만 더 가자고 생각하며 거리를 조금씩 늘려나가시기 바랍니다. 매일 목표거리를 체크해서 조금씩 늘려 달성해 나가면 호흡이 트이면서 장거리수영을 하실 수 있게 될 것입니다.

02

Q 속도가 나지 않아요. 빠르게 헤엄을 칠 수 있는 훈련방법이 있으면 알려주세요

A 속도를 높이기 위해서는 신체적 · 체력적 · 기술적인 면이 골고루 발달되어야 합니다. 신체적인 면은 자신의 신체가 수영하기에 좋은 조건을 갖추어야 한다는 것이며, 수영할 때 물에서 최대한 에너지를 적게 빼앗길 수 있는 물고기와 같은 자세를 갖추어 저항을 최대한 줄여야 합니다.

체력적인 면은 반복된 훈련을 통해 자신의 신체능력을 향상시켜 보다 강한 체력을 보강하는 것입니다. 훈련방법으로서는 인터벌 트레이닝이나, 스프린트, 웨이트 트레이닝 등과 같은 훈련을 통해 근력 및 심폐지구력을 키워 체력을 발달시킵니다.

대표적인 훈련방법으로서 인터벌 트레이닝을 많이 하는데 이것은 거리와 횟수, 시간을 조정하여 강한 체력과 함께 빠른 스피드를 낼 수 있는 좋은 훈련법입니다.

예를 들어 30초의 휴식시간을 갖고 똑같은 휴식시간으로 같은 거리를 몇 번 반복하여 수영하는 방법으로 이것은 최대산소섭취능력을 향상시켜 강한 체력과 함께 빠른 스피드를 키울 수 있는 훈련법입니다.

기술적인 면은 드릴 등을 통한 기술적인 동작이나 물의 원리를 이용한 과학적인 방법을 동원해 정확한 풀 동작의 자세 및 킥 동작을 익혀야 하는 것으로 이런 조건들을 골고루 갖추고 많은 훈련을 쌓아 나갈 때 강한 체력과 함께 빠른 스피드를 낼 수 있을 것입니다.

03

Q

수영과 헬스를 병행해도 될까요?

A

　헬스를 하고 수영을 하면 근육이 풀어진다 하여 수영과 헬스는 상극이라고 극단적으로 표현하는 이들이 많습니다. 물론 전혀 틀린 말은 아니지만 수영과 헬스는 상극은 아닙니다. 보디빌더처럼 근육 덩어리를 크게 하는 것이 목적인 사람들에게는 수영이 별 도움은 안 되겠지만 일반인들에게 수영은 말로 표현할 수 없을 만큼 많은 이로움을 줍니다. 수영을 잘하기 위해서는 헬스를 어느 정도 하며, 어떤 방법을 이용하여 해야 하는지 간단히 살펴보겠습니다.

　수영을 처음 배우는 초·중급자들에게 헬스는 큰 도움이 되지 못합니다. 물론 기초체력이 좋으면 수영을 배우는데 많은 도움이 되겠지만 우선 물 적응능력이나 기초적인 동작을 배우는 것이 더 중요합니다.

　기본적인 기초체력만으로도 떠서 발차기하고 팔을 돌리는 데는 크게 지장이 없습니다. 그러나 상급정도의 수준이 되면 어느 정도 한계점을 느낄 수가 있습니다. 왜냐하면 어깨를 크게 돌리려면 유연성도 좋아야 하고 발차기를 잘 하려면 허리의 유연성과 근력이 필요하며 물을 잡아당기려면 상체의 근력도 필요하고 오래 견디기 위해서는 심폐지구력도 키워야 합니다. 물론 물 속에서 많은 연습을 통해 발달시킬 수 있지만 지상에서는 기구를 가지고 부족한 부분을 정확하게 운동할 수 있다는 장점이 있습니다.

　상급 이상에서 수영과 헬스를 병행한다면 훈련 비율은 70:30 정도로 수영에 치우쳐서 연습을 하시기 바랍니다. 1주일에 5번, 1시간 30분 정도 운동을 한다고 가정하고 기본적인 운동프로그램을 짜면 다음과 같습니다.

　월·수·금요일은 헬스 1시간, 수영 30분 정도 운동을 하는데, 수영은 물잡기나 교정위주로 연습을 하고, 화·목요일은 수영만 합니다. 수영만 할 때는 하드트레이닝을 해주고 요일은 바꿔도 상관없습니다. 그리고 월·수·금 요일에 헬스를 할 때는 운동수행능력에 따라 다르게 할 수도 있지만 일반적인 프로그램은 다음과 같습니다.

- 워밍업 : 유산소운동을 통해 5~10분(사이클, 러닝머신), 준비운동(스트레칭)
- 근력운동 : 무산소 기구를 이용해 20분(머신, 프리웨이트)
- 심폐지구력운동 : 유산소 장비를 이용해 20분 정도(사이클, 러닝머신, 스템퍼)
- 마무리운동 : 스트레칭 10분

위와 같은 패턴을 통해 헬스를 해줍니다. 근력과 근지구력운동은 어깨·팔·등·허벅지를 위주로 하며, 많은 무게로 폭발적인 힘을 낼 수 있는 웨이트트레이닝보다는 적은 무게로 오래 할 수 있는 근지구력강화운동을 시켜 주는 것이 수영을 하는데 많은 도움이 됩니다. 참고로 웨이트를 많이 해서 근육이 보디빌더와 같이 나오면 수영하는데 별로 도움은 안 됩니다. 몸을 가늘고 길게 만들어 주는 것이 더욱 효과적입니다.

위의 답변은 전문선수들을 키우기 위한 프로그램이 아니며 수영의 기본적인 프로그램으로 수영을 어느 정도 할 줄 아는 일반인들을 대상으로 한 것이라 생각하시면 됩니다.

04

수영에 도움이 되는 스트레칭을 알고 싶어요

● 서서하는 스트레칭

1 머리 옆 부분을 당기고 어깨를 축 처지게 내려 목 옆 부분을 스트레칭

2 양손으로 턱을 뒤로 밀어 목 앞부분을 스트레칭

3 양손으로 머리 뒷부분을 앞으로 당겨 목 뒷부분을 스트레칭

4 한 손으로 반대팔 팔꿈치를 머리 뒤로 당겨 어깨와 옆구리 부분을 스트레칭

5 한 손으로 옆으로 뻗은 반대팔을 당겨 어깨와 팔 부분을 스트레칭

6 한 팔을 뻗고 반대손으로 손바닥을 당겨 팔과 손바닥을 스트레칭

7 양 손을 모아 옆으로 틀어 옆구리를
스트레칭

8 양 팔을 펴 뒤로 깍지를 끼고
가슴을 펴는 가슴 스트레칭

9 양 손을 앞으로 뻗고 등을 둥그렇게
"C"자 모양을 만들어 등 스트레칭

10 양 손을 깍지 끼고 머리 위로 올려
어깨와 가슴 스트레칭

11 무릎을 구부려 기마자세를 하고 양 팔을 펴
무릎에 대고 밀어주는 등 스트레칭

12 허리를 틀어 양 손이 벽에
닿게 하여 허리 스트레칭

13 양 손으로 한 발을 뒤로 접어
끌어당겨 허벅지 앞 부분을
스트레칭

14 한 발을 가슴쪽으로 들어 양 손
으로 끌어당겨 골반 스트레칭

15 양 발을 펴서 손바닥이 바닥에 닿게
하여 허벅지 뒷부분을 스트레칭

16 양 발을 벌리고 허리를 숙여
허벅지 스트레칭

17 앞다리는 구부리고 뒷다리를 펴서
허벅지 스트레칭

18 차려 자세로 서서 종아리를 들어
발끝으로 서서 종아리 스트레칭

● 앉거나 누워서 하는 스트레칭

1 발바닥을 맞대고 양 무릎이 바닥
에 닿게 하는 골반 스트레칭

2 한쪽 어깨를 바닥에 닿게 하여 가슴으로
눌러주는 어깨 스트레칭

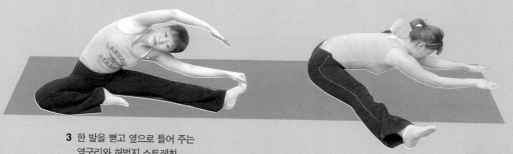

3 한 발을 뻗고 옆으로 틀어 주는
옆구리와 허벅지 스트레칭

4 양 발을 벌리고 양손을 앞으로 뻗어 가슴이
바닥에 닿게 하는 허벅지 스트레칭

5 등을 둥그렇게 말아 배꼽을 보고 고양이
등처럼 만들어 주는 등 스트레칭

6 천장을 바라보고 허리가 들어가게 하는
허리 스트레칭

7 골반을 뒤로 빼고 어깨가 바닥에 닿게 하여
어깨를 눌러주는 어깨 스트레칭

8 양 손으로 양 발을 잡고 배를 바닥에 닿게
하는 허리 스트레칭

9 평영 발차기 자세로 앉아서 양 손을 머리
위로 포개 뻗어주는 자세

10 한 손으로 버티고 양 발을 대 옆으로 틀어
주는 옆구리 스트레칭

11 누워서 한 발을 가슴 쪽으로 끌어 당겨 골반 스트레칭

12 누워서 한 발을 뒤로 접어 당겨주는 허벅지 앞부분 스트레칭

● 봉을 이용한 스트레칭

1 봉을 옆으로 틀어 옆구리 스트레칭

2 봉을 앞으로 회전하여 허리를 틀어주는
허리 스트레칭

3 다리를 펴서 앞으로 허리를 숙여주는
허리와 다리 뒷부분 스트레칭

4 양 팔을 펴서 어깨 관절의 회전을 이용
하여 어깨관절의 유연성증진

5 봉을 잡고 앞으로 숙여 어깨와 가슴을
눌러주는 어깨와 허리 스트레칭

● 보조자와 같이 할 수 있는 스트레칭

1 양 팔을 깍지 낀 채 보조자가 양 팔꿈치를 당겨 어깨와 가슴 스트레칭을 도와준다.

2 양 팔을 편 채 뒤에서 모아 어깨 스트레칭을 도와준다.

3 머리 뒤에 깍지를 끼고 보조자는 팔꿈치를 위로 올려 어깨와 옆구리 스트레칭을 도와준다.

4 보조자가 뒤에서 양 팔을 당겨 상체를 일으켜 세워 어깨와 허리, 가슴 스트레칭을 도와준다.

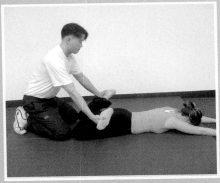

5 보조자가 평영 킥 자세로 다리를 눌러 골반의 스트레칭을 도와준다.

● 유선형자세를 위한 스트레칭

1 양 손을 머리 위에서 포개고 양 팔을 최대한 위로 뻗어 귀를 눌러주는
유선형 자세를 만든다.

2 한 손을 벽에 대고 날개죽지
부분이 움푹 파일 정도로
어깨를 눌러주는 어깨 스트레칭

3 머리를 벽에 대고 양 손으로
벽을 눌러 어깨를 눌러주는
어깨 스트레칭

4 양 손을 벽에 대고 가슴과 어깨를 눌러주는 어깨와 허리의 스트레칭

SWIMMING

부록

SWIMMING

《 수영 자가진단 등급표

　　사람의 체형과 체력수준, 운동수행능력에 따라 그 경우의 수가 헤아릴 수 없이 많지만 모든 경우의 수를 압축해서 15개의 등급으로 분류를 했다. 각 유형의 내용 중 자신이 평가하여 3개 항목 이상 해당되면 자신의 등급으로 보고 자신이 어떤 유형에 속하며 몇 등급인가를 파악하여 수영을 배우고 익히는 데 평가자료로 활용할 수 있다.

등 급	유 형	유 형 내 용
15등급	공포형	• 개천에 흐르는 물만 봐도 무섭다. • 어렸을 적 물에 빠질 뻔한 기억이 남아 있다. • 수영장 풀에 들어가본 적이 한번도 없다. • 수영장 풀에 들어갈 생각조차 하지 않았다.
14등급	망설형	• 물을 무서워 하지만 허리까지는 잠길 수 있다. • 수영장 풀에 들어갈 수는 있지만 머리를 물에 담그지 못한다. • 수면이 몸의 심장선만 덥쳐도 두근두근 거린다. • 수영복 입기조차 민망해 한다. • 수영장 풀 벽을 잡고 다닌다.
13등급	맥주병형	• 머리를 물 속에 담글 수 있다. • 수면에 잘 뜨지는 않지만 물을 무서워 하지는 않는다. • 어렸을 적에 물을 자주 접해 무섭지는 않지만 수영은 못한다. • 삼각수영복보다는 사각수영복이 편하다. • 뜨라고 하면 가라앉고 가라앉으라고 하면 뜬다. • 물 속에만 들어가면 입을 '꽉' 다물고 긴장이 된다.
12등급	첨벙형	• 머리를 물 속에 담글 수 있고, 몸에 힘을 빼고 수면에 뜰 수 있다. • 자유형 발차기는 엉성하여 첨벙대지만, 앞으로 전진을 할 수 있다. • 누워뜨기는 되지만, 발차기를 하면 하체가 가라앉는다. • 자유형 발차기하다 종아리, 발가락, 발바닥 중 한 곳에 쥐가 난 적이 있다. • 코로 물을 많이 먹어 머리가 아프고 수영을 포기하고 싶을 때가 있다. • 발차기 시 소리만 요란하다. • 킥판 없이는 25m 끝까지 못간다.

등급	유형	유형 내용
11등급	돌진형	• 몸에 힘을 빼고 자유형과 배영 발차기로 25m를 진행할 수 있다. • 팔돌리기와 발차기 콤비를 하지만 25m 끝까지 가기가 힘들다. • 발차기만 하면 잘 하는데 팔돌리기만 하면 몸이 가라앉는다. • 코와 입으로 물을 많이 먹지만 자유형 콤비를 할 줄 안다. • 자유형이나 배영은 25m 가면 5분은 쉬어야 한다.
10등급	자만형	• 25m 자유형과 배영을 힘들게 하지만 끝까지 갈 수 있다. • 25m 끝까지 갈 수 있다는 것에 대단한 만족감을 갖고 있다. • 25m 끝까지 가고 턴을 해서 한바퀴를 채우고 싶은 마음이 있다. • 배영은 25m를 진행하지만 하체가 가라앉고 몸이 지그재그로 간다. • 나보다 못 하는 초보자들 허리를 잡아주며 알려준다. • 자유수영시간에 배우지 않은 평영을 시도해 본다.
9등급	욕망형	• 평영 킥을 조금 흉내낼 수 있다. • 킥판 잡고 평영 킥을 하는데 한 번 찰 때 1m도 안 나간다. • 평영 킥을 찰 때 발등으로 찬다. • 잘 나가다가 평영에서 또 수영의 험난함을 느낀다.
8등급	개구리형	• 자유형, 배영은 힘들지만 꾸준히 연습한다. • 개구리와 같은 킥으로 1m씩은 진행을 할 수 있다. • 다리를 W자로 하여 앉는 연습과 침대에 누워 평영 킥 연습을 하고 있다. • 킥판을 잡고 호흡과 킥을 해서 25m를 갈 수 있다.
7등급	콤비형	• 평영 손동작을 배웠지만 킥과 손의 리듬이 맞지 않아 헛갈린다. • 킥을 차고 난 다음 몸에 힘을 빼고 유선형 자세를 취할 수 있지만 손동작만 들어가면 킥이 엉망이 된다. • 뭔가 리듬은 안 맞지만 평영 25m를 겨우 간다. • 평영 콤비네이션을 하다가 종아리에 쥐가 날 뻔한 적이 있다.
6등급	꺾기형	• 자유형 꺾기를 배우니 드디어 초급을 탈피했음을 느낀다. • 팔꿈치는 떨어지고 손목이 자꾸 꺾이지만 자유형 꺾기를 흉내낸다. • 평영 콤비로 50m 이상 나갈 수 있다. • 자유형, 배영, 평영이 힘들지만 50m 이상 가능하다.

등 급	유 형	유 형 내 용
5등급	웨이브형	• 브레이크 댄스를 추듯 웨이브를 익히고 있다. • 평영의 웨이브 감각을 익히는데 좀처럼 쉽지가 않다. • 자유형, 배영, 평영으로 100m 이상 가능하다. • 접영 웨이브는 잘 안 되지만 앞으로 진행은 된다. • 자유형 꺾기가 자연스럽고 물잡기를 대충 흉내낸다.
4등급	돌고래형	• 웨이브로 25m 가능하다. • 한 팔 접영으로 팔동작과 리듬을 익힌다. • 자유형 물잡기를 익혀 물을 밀어주는 느낌을 받을 수 있다. • 양 팔 접영으로 25m가면 초죽음이다. • 스타트 시 수경이 벗겨진다.
3등급	정복형	• 양 팔 접영으로 25m 이상 가능하다. • 자유형과 배영 물잡기를 이해할 수 있다. • 평영의 웨이브감각을 익혀 속도감을 낼 수 있다. • 자유형, 배영, 평영은 쉬지 않고 200m 이상 가능하다. • 스타트를 할 수 있으나 웬만하면 목욕탕 들어가듯이 입수한다. • 사이드 턴은 쉽게 하나 퀵 턴은 코로 물을 많이 먹어 하기 싫다. • 강가나 바닷가에 들어가도 무섭지 않다. • 수영 책과 비디오를 통해 수영연습을 한다.
2등급	폼생폼사형	• 자유형 사이드 턴을 멋지게 할 수 있으며 퀵 턴을 조금 흉내낸다. • 수영장 입수 시에는 항상 멋진 스타트를 한다. • 접영, 배영, 평영, 자유형 IM 100m를 멋지게 할 수 있다. • 수영을 하면서 남의 폼을 보며 여유롭게 할 수 있다. • 초·중급자들을 어설프게 지도할 수 있다. • 작은 치수의 선수용 수영복을 선호한다.
1등급	선수형	• 마스터즈대회에 출전한 경험이 있다. • 강습반에서 시범으로 자주 뽑힌다. • 선수에 가까운 폼을 구사할 수 있다. • 수영자격증을 취득하였다. • 접영, 배영, 평영, 자유형 IM 200m 가능하다.

《 수영강습 단계별 진도표

초 급(15~11등급)

1주차	2주차	3주차	4주차
• 물 적응 훈련	• 자유형 발차기	• 기초자유형 팔돌리기	• 기초자유형 완성
걷기/뛰기/물싸움	앉아서/벽 잡고	벽잡고 팔돌리기	• 배면뜨기
• 뜨기	킥판 없이/킥판 잡고	걸으면서 팔돌리기	• 벽차고 누워뜨기에서
수평뜨기/새우등뜨기	• 발차기 &호흡	킥판 잡고 팔돌리기	• 배면뜨기
가라앉기	킥판잡고 발차기와 호흡	• 발차기 하면서 팔돌리기	
• 호흡훈련			
음파 ~ / 숨 오래참기			
• 자유형 발차기			

중 급(10~6등급)

1,2주차	3,4주차	5,6주차	7,8주차
• 자유형 콤비네이션	• 배영 콤비네이션 완성	• 평영 팔동작	• 평영 콤비네이션
• 배영 발차기	• 평영 발차기	물 밖에 업드려서	• 자유형 팔꺽기
차려 자세 발차기/한팔올리고	지상에서/벽 잡고	• 평영 콤비네이션	제자리에서 벽 잡고
양 팔 올리고 발차기	킥판 잡고/킥판 없이	킥 위주의 콤비네이션	킥판 잡고 팔동작
• 배영 팔돌리기		손-발-글라이드 완성	• 자유형 팔꺽기 연습
지상에서 벽에 기대고		• 자유형 콤비네이션	• 평영 콤비네이션 완성
발차기하며 한 팔씩 팔 돌리기		• 배영 콤비네이션	• 접영 웨이브

상급(5~3등급)

1,2주차	3,4주차	5,6주차	7,8주차
• 자유형 팔꺽기 완성	• 접영 팔돌리기 연습	• 접영 콤비네이션 연습	• 접영 콤비네이션 완성
• 접영 웨이브/발차기	제자리에서 팔돌리기	한 팔 접영으로 리듬 맞추기	• 경영의 4가지 영법 교정
벽 잡고 발차기	점프하면서 팔돌리기	• 양 팔 접영 연습	• 기초 스타트
킥판 잡고 발차기	• 평영 물잡기 연습	제자리에 서서	• 기초 턴
킥판 없이 발차기	제자리에 서서	지상에서 리듬 맞추기	
• 접영 발차기 완성	접영킥에 평영 풀동작		
	• 평영 / 접영의 웨이브		
	물타는 감각 익히기		

마스터(2~1등급)

1,2주차	3,4주차	5,6주차	7,8주차
• 각 영법 교정	• 각 영법 교정	• 휜수영 (오리발)익히기	• 지구력 및 스피드 강화훈련
• 잠영 익히기	• 각 영법의 물잡기 교정	• 스타트(그랩/와인드업)	• 각 영법 완성
• 지구력 강화훈련	• 퀵 턴 익히기	• 턴	• 스타트 및 턴 완성
• 사이드 턴 익히기	• 스타트 익히기	자유형:사이드 턴/퀵 턴	• 휜수영 완성
• 입영 익히기		배영:풀오버 턴	• 각종 수영대회 출전
		평영 턴/접영 턴	

《 수영관련 자격증과 활용용도

우리나라 수영관련자격증

생활체육 2, 3급 자격증

문화체육부 산하 한국체육과학 연구원에서 운영하는 과정을 이수하고 자격 검증시험에 합격해야 합니다.

실기는 지역마다 차이가 있고, 실기테스트를 한 다음 곧바로 구술시험을 보고 이 2가지를 통과하면 연수를 받습니다(사회체육전공자는 제외).

시험은 6월경, 11월경 1년에 두 번 있습니다.

대한 적십자 수상인명 구조원

대한 적십자사에서 주관하는 라이프가드 자격증은 전통이 가장 오래된 것으로 수영계에서는 공인된 자격증입니다. 그러나 검증방법 및 훈련이 체계화되어 있고 자격검증이 매우 엄격하여 중도에 포기하는 지망생도 많이 있습니다.

접 · 배 · 평영, 자유형, 입영, 잠영의 간단한 1차 실기테스트를 거쳐서 합격한 자에 한해 1~2주간 실기 연수를 받고 연수가 끝나는 날 2차 실기시험이 있습니다. 2차 실기에 합격하면 2틀간 수상인명구조에 관한 이론 시험이 있습니다. 이론 시험은 거의 대부분 합격하니 크게 걱정 안 하셔도 될 듯 하네요.

시험은 전반기 7월경에 있고, 후반기는 12월경에 있으나, 각 지역별로 차이가 있으니 각 지사에 문의를 하시는 것이 좋겠습니다.

본　사	서울시 중구 남산동 3가 32 (02-755-9301)
서울지사	서울시 성동구 마장동 523-1(02-2290-6650)
부산지사	부산광역시 부산진구 전포 4동 607-1(051-881-4223)
대구지사	대구광역시 북구 칠성동 2가 24-46 (053-256-6262)
인천지사	인천광역시 연수구 연수 3동 581(032-815-5017)
울산지사	울산광역시 중구 성안동 46BL 남울산 우체국 사서함 93호 (052-243-7921)
경기지사	경기도 수원시 권선구 권선동 1015-6(031-328-1140)
강원지사	강원도 춘천시 중앙로 1가 45 (033-255-9597)
충북지사	충청북도 청주시 상당구 문화동 15 (043-253-2652)
대전 · 충남지사	대전광역시 중구 선화 3동 194-1(042-254-7104)
전북지사	전라북도 전주시 완산구 고사동 1가 473-1 (063-284-7508)
광주 · 전남지사	광주광역시 북구 매곡동 256 (062-573-0541)
경북지사	대구광역시 중구 남산 2동 257 (053-252-9855)
경남지사	경상남도 창원시 용호동 4-4(055-263-6178)
제주지사	제주도 제주시 용담 1동 266-1(064-7583501)

대한수영연맹 공인

대한수영연맹 산하 각 시도수영연맹에서 발행하는 3급 수영지도자 자격증과 3급 심판자 격증이 있습니다.

응시일정은 각 시도 수영연맹 자체적으로 해결을 하기 때문에 특별히 정해져 있지 않고 수영클럽이나 단체를 통해 수영연맹에 문의하여 신청서를 작성하고 응시료를 내면 됩니다.

연수는 보통 2일 간이며 1일은 이론교육이고, 2일은 접 · 배 · 평영, 자유형, 개인혼영을 실시합니다(지역별로 차이가 있어 실기를 하지 않는 곳도 있음). 이론 시험은 연수내용에 나와 있는 내용을 보며 비교적 쉬운 편이라 쉽게 자격을 취득할 수 있는 자격증입니다.

《 용어해설

가

개인혼영(IM-Individual Medley)
접영, 배영, 평영, 자유형의 순서로 한 사람이 200m, 400m를 역영하는 경기종목

계영(Relay)
4명의 선수가 이어서 자유형으로 400m, 800m를 역영하는 경기종목

공인수영장
국제수영연맹(FINA)에서 정한 규격에 맞도록 인정된 수영장(경기기록의 인정여부가 결정됨)

그랩 스타트(Grab start)
스타트 할 때 허리를 숙여 스타트대의 모서리를 잡았다가 뛰어오르면서 하는 스타트 법

글라이드(Glide)
유선형의 자세로, 팔과 다리를 움직이지 않고 물 속으로 미끄러지는 것, 퀵 턴 후나 다이빙 직후, 평영의 리커버리 때 중요한 동작이다.

나

네거티브 스프리트 트레이닝 (Negative split training)
속도와 페이스 배분을 몸에 익히도록 하기 위해 일정한 거리를 수영할 때 전반보다 후반을 빨리 하도록 하는 훈련방법

노멀 턴(normal turn)
벽에 손을 대고 손으로 벽을 미는 반동을 이용하여 벽을 킥하는 가장 심플한 턴 방법으로 오픈 턴, 사이드 턴이라고도 한다.

노 브레싱(No breathing)
수영을 할 때 호흡을 하지 않고 젖산 에너지 시스템에 의존하여 역영하는 방법

다

단수로 수영장
보통 25m 수영장을 뜻하며 단수로 국제대회도 개최됨

대시(Dash)
가장 빠른 스피드로 역영하는 것을 의미

돌핀 킥(Dolphin kick)
접영의 다리차기 동작으로 돌고래 꼬리동작의 움직임과 유사함

트러젠 크롤(Trudgen crawl)
트러젠(Trudgen)이라는 선수에 의해 개발된 현대 크롤영법의 시초가 된 영법

디센딩(Descending)
인터벌 훈련의 한 방법으로 앞에서 수행한 속도보다 점점 빠르게 수행하는 훈련

디크리싱 디스턴스 리피트(Decreasing distance repeat)
수영훈련의 한 종류로서 횟수를 반복해 나갈수록 점점 거리를 줄여 가는 훈련방법

라

롤링(Rolling)
수영 중에 몸을 약간 좌우로 흔들어 주어 팔동작을 효율적으로 하기 위해 사용하는 기술

리그레시브 세트(Regressive set)
프로그레시브 세트의 반대되는 의미로서 거리를 반복할수록 점점 속도를 늦추어 가는 훈련방법

리커버리(Recovery)
한번의 풀 동작이 완료된 후 팔꿈치를 높이 올려 다음 풀을 위해 머리 앞으로 되돌리는 동작 또는 평영에서 다음 다리차기를 위해 엉덩이 쪽으로 끌어오는 동작. 되돌리기라고 표현함.

리피티션 트레이닝(Repetition training)
단거리에서 전력으로 역영하고 완전휴식을 취한 후 다시 반복 훈련하여 산소부채능력 및 스피드를 향상시키는 훈련방법

바

바디 포지션(Body position)
수영 시 몸이 수면에 유선형으로 떠 있는 상태로 모든 영법에서 요구되는 기본 자세

백 스트로크(Back stroke)
배영. 백 크롤 스트로크(back crawl stroke)라고 불림

버블링(Bubbling)
머리가 수중에 잠겼다 밖으로 나왔다 하면서 리듬감 있게 호흡을 연습하는 방법

버터플라이 스트로크(Butterfly stroke)
접영. 나비가 날아가는 형태와 같이 몸을 상하로 굽이치면서 하는 영역

브레스트 스트로크(Breast stroke)
평영. 수면에 양쪽 어깨가 평행을 이루면서 수영하는 영법

브로큰 스윔(Broken swim)
일정한 거리를 몇 개로 구분하여 짧은 휴식을 가지며 하는 훈련방법

블라인드(Blind)
자유형에서 호흡을 하기 위해 얼굴을 돌리는 방향의 반대쪽

비트(Beat)
자유형, 접영, 배영에서 다리차기의 수를 의미

사

스컬링(sculling)
몸을 떠오르게 하기 위한 기술로 물을 바깥쪽, 안쪽으로 저어 장력을 발생시키는 손동작. 배의 노를 젓는 듯한 움직임이 특징

서킷 트레이닝(circuit training)
근력이나 지구력 발달을 목적으로 여러 가지 운동을 여러 차례 반복하는 지상훈련방법

스쿠터 드릴(Scooter drill)
킥보드를 한 손으로 잡고 한 손으로 풀을 번갈아 가며 하는 연습방법

스트로크(stroke)
팔로 물을 긁는 동작

스트레칭(Stretching)
수영에 필요한 유연성을 증진시킬 목적으로 사용되는 근육을 신장시키는 체조의 한 방법

스크루 킥(screw kick)
평영의 다리 동작에서 두 다리가 대칭을 이루지 않고 따로 움직이는 킥

스트림 라인(Stream line)
수중에서 몸이 전진 되는 흐름과 같게 하기 위해 유선형의 자세를 유지하는 것으로 물의 저항을 최소화할 수 있는 몸의 흐름선

스프린터(Sprinter)
단거리 선수, 즉 50m, 100m가 주 종목인 선수

스프린트(Sprint)
수영에서 단거리 경기로 분류되는 50m, 100m, 200m를 주 종목으로 하는 것을 의미

아

아메리칸 크롤(American crawl)
오스트리아 원주민으로부터 유래된 영법으로서 미국에서 발전된 크롤영법의 현대적 용어

에이지 그룹(Age group)
일정한 연령별로 집단을 구분한 경기제도로 주로 청소년 이하의 연령대를 대상으로 함

엔트리(Entry)
풀 동작에서 손이 입수하는 자세 또는 경기출전 신청

앵커맨(Anchor man)
4명이 한 팀이 되어 하는 계영 경기에서 마지막 영자를 가리키는 말

오버 디스턴스 트레이닝(Over distance training)
영자의 경기출전 종목의 거리보다 긴 거리로 연습하는 훈련방법(100m 출전선수라면 연습 시 200m 이상을 반복연습)

워밍 업(Warming up)
수영훈련을 시작할 때 몸을 풀기 위한 준비운동으로 가볍게 하는 수영

윕 킥(Whip kick)
평영 킥을 할 때 휘돌려 차는 방법, 현대 평영의 다리차기. 발을 엉덩이 쪽으로 끌어왔을 때 몸을 중심으로
발의 위치가 무릎보다 바깥 방향으로 벌어짐.

웨지 킥(Wedge kick)
평영 킥을 할 때 가위차기 형태로 차는 방법. 발을 엉덩이 쪽으로 끌어왔을 때 몸을 중심으로 무릎의 위치
가 발보다 바깥 방향으로 벌어짐

이지 스윔(Easy swim)
가볍게 쉬면서 수영하는 것으로 보통 강도 높은 수영연습 사이에 행함

익스플로시브 브레싱(Explosive breathing)
호흡방법으로서 내쉬기를 할 때 폭발적으로 강력하고 짧게 호흡하는 방법

카

캐치 포인트(Catch point)
물을 당기기 위해 시작되는 시점

캐치(Catch)
물을 당기기 직전에 손으로 물을 잡는 동작

코스 로프(Course rope)
코스를 구분하기 위해 수면에 떠 있는 로프에 일정한 거리를 색깔로 표시함

코스 라인(Course line)
수영장 바닥에 그어진 선으로 역영 행로와 턴을 할 때 도움을 줌

크로스오버 킥(Crossover kick)
발차기를 할 때 양쪽 다리를 엇갈리게 차는 동작

컴비네이션(combination)
손, 발 등의 부분적 연습에 대해 전체의 조화를 잡아 가면서 헤엄치는 것을 말한다.

킥(kick)
수영 시 다리차기 동작으로 각 종목에 따라 다양한 방법이 있음

킥보드(kickboard)
사각형의 부판. 다리 동작을 연습할 때 팔로 킥보드를 잡고 균형을 유지한다.

타

타임 레이스(time race)
등위 선정을 착순에 의하지 않고 수행기록에 근거하여 정함. 보통 예선경기에 많이 이용

턴(turn)
수영장 끝에서 턴하는 것을 뜻하며 각 종목에 따라 다양한 턴 방법이 있음.

테퍼링(tapering)
컨디션을 유지할 수 있도록 연습량을 줄여 가면서 연습의 질에 중점을 두는 방법

파

패들(Paddle)
핸드 패들이라고 하며 풀 동작을 연습할 때 사용

페이스(Pace)
역영거리에 대해 속도를 안배하는 것을 의미

푸시(Push)
팔동작의 마지막 단계에서 손으로 물을 밀어내는 동작

풀(Pull)
수영의 팔젓기 동작 중 물을 잡아당기는 동작

프로그 킥(Frog kick)
평영에서 다리동작의 한 방법으로 개구리 다리차기와 같이 휘돌려 차는 방법

프로그레시브 셋(Progressive set)
거리는 변화를 주지 않고 반복할 때마다 점점 속도를 증진시켜 나가는 훈련방법

프리 스타일(Free style)
말 그대로 자유형, 크롤영법으로 대표되지만 어떤 영법에 제한을 두지 않는다는 뜻

피나(FINA)
국제수영연맹(Federation International Natation Amateur)의 약자로 사용

피니쉬(Finish)
풀 동작에서 손이 물 밖으로 나오는 마지막 순간 또는 경영시 역영을 마침

피치(Pitch)
풀을 할 때 팔이 움직이는 횟수, 다리동작의 횟수를 비트라고 하는 것과 같음

하

하이 엘보(High elbow)
풀 동작을 할 때 팔꿈치를 손보다 높게 하여 추진력을 높게 발생시키고 리커버리 때는 팔이 휴식을 취하고
회전거리를 작게 해줌으로써 비효율적인 에너지 낭비를 막기 위한 것

하이포식 트레이닝(Hyposic training)
수영중 스트로크 수에 맞추어 호흡 수를 제한하는 연습방법

✻ 스윔닥터 사이트에 있는 내용을 카피해서 옮겨놨습니다.

가림출판사 · 가림M&B · 가림Let's에서 나온 책들

문 학

바늘구멍
켄 폴리트 지음 / 홍영의 옮김
미국 추리작가 협회의 최우수 장편상을 받은 초유의 베스트 셀러로 전쟁을 통한 두뇌싸움을 치밀하고 밀도 있게 그려낸 추리소설.
신국판 / 342쪽 / 5,300원

레베카의 열쇠
켄 폴리트 지음 / 손연숙 옮김
최고의 모험, 폭력, 음모 그리고 미국적인 열정 속에 담긴 두 남녀의 사랑이야기를 독자들의 상상을 뒤엎을 확실한 긴장감으로 마지막까지 흥미진진한 켄 폴리트의 장편 추리소설. 신국판 / 492쪽 / 6,800원

암병선
니시무라 쥬코 지음 / 홍영의 옮김
암병선을 무대로 인간생명의 존엄성을 지키기 위해 불의와 맞서는 시라도리 선장의 꿋꿋한 의지와 애절한 암환자들의 심리가 생생하게 묘사된 근래 보기 드문 걸작. 신국판 / 300쪽 / 4,800원

첫키스한 얘기 말해도 될까
김정미 외 7명 지음
이 시대의 젊은 작가 8인이 가슴속 깊이 간직했던 나만의 소중한 이야기를 살짝 털어놓은 상큼한 비밀 이야기. 신국판 / 228쪽 / 4,000원

사미인곡 上·中·下
김충호 지음
파란만장한 일생을 보낸 정철의 생애를 통해 난세를 살아가는 우리에게 삶의 지혜와 기쁨을 선사하는 대하 역사 소설. 신국판 / 각 권 5,000원

이내의 끝자리
박수완 스님 지음
앞만 보고 살아가는 우리에게 자신을 뒤돌아볼 수 있는 여유를 갖게 해주는 승려시인의 가슴을 울리는 주옥 같은 시집. 국판변형 / 132쪽 / 3,000원

너는 왜 나에게 다가서야 했는지
김충호 지음
세상에 대한 사랑의 아픔, 그리움, 영혼에 대한 고뇌를 달래야 했던 시인이 살아 있는 영혼을 지닌 이들에게 전하는 사랑의 메시지.
국판변형 / 124쪽 / 3,000원

세계의 명언
편집부 엮음
위인이나 유명인들의 글, 연설문 혹은 각 나라에서 전해져 오는 속담을 통하여 지난날을 되새겨보는 백과전서로서, 오늘을 반성하는 교과서로서, 그리고 미래를 설계하는 참고서로서 역할을 해줄 것이다.
신국판 / 322쪽 / 5,000원

여자가 알아야 할 101가지 지혜

제인 아서 엮음 / 지창국 옮김
남녀가 함께 살면서 경험으로 터득한 의미심장하면서도 재미있는 조언들을 발췌한 내용으로 독신의 삶을 청산하려는 이들이 알아야 할 유용하고 상상력 풍부한 힌트로 가득찬 감동의 메시지이다.
4·6판 / 132쪽 / 5,000원

현명한 사람이 읽는 지혜로운 이야기
이정민 엮음
현대를 살아가는 우리들에게 삶의 가치를 부여해주고 자기 성찰의 기회를 갖게 해준다. 신국판 / 236쪽 / 6,500원

성공적인 표정이 당신을 바꾼다
마츠오 도오루 지음 / 홍영의 옮김
자신뿐만 아니라 주위 사람들의 마이너스 사고를 플러스 사고로 바꾸어서 사람의 마음을 움직이며, 그리고 사람의 마음에 남는 최고의 웃는 얼굴을 만드는 비법 총망라! 신국판 / 240쪽 / 7,500원

태양의 법
오오카와 류우호오 지음 / 민병수 옮김
불법 진리 사상의 윤곽과 그 목적·사명을 명백히 함으로써 한사람 한사람의 인간이 깨달음을 추구하고 영적으로 깨우치기 위한 명확한 방향을 제시하였다. 신국판 / 246쪽 / 8,500원

영원의 법
오오카와 류우호오 지음 / 민병수 옮김
일찍이 설해졌던 적도 없고 앞으로도 설해지지 않을 구원의 진리를 한 권의 책에 이론적 형태로 응축한 기본 삼법의 완결편. 신국판 / 240쪽 / 8,000원

석가의 본심
오오카와 류우호오 지음 / 민병수 옮김
석가모니의 사고방식을 현대인들에 맞게 써 현대인들이 친근하게 석가모니에게 다가설 수 있게 한 불교 가이드서. 신국판 / 246쪽 / 10,000원

옛 사람들의 재치와 웃음
강형중·김경익 편저
옛 사람들의 재치와 해학을 통해 한문의 묘미를 터득하고 한자를 재미있게 배우며 유머감각까지 높일 수 있는 일석삼조의 효과 만점.
신국판 / 316쪽 / 8,000원

지혜의 쉼터
쇼펜하우어 지음 / 김충호 엮음
쇼펜하우어의 철학체계를 통하여 풍요로운 삶의 지혜를 얻고 기쁨을 얻을 수 있도록 꾸며 놓은 철학이야기. 4·6판 양장본 / 160쪽 / 4,300원

헤세가 너에게
헤르만 헤세 지음 / 홍영의 엮음
순수한 애정과 자유를 갈구하는 헤세의 아름다운 세상을 통한 깨끗한 정신세계를 공유할 수 있는 기회를 제공. 4·6판 양장본 / 144쪽 / 4,500원

사랑보다 소중한 삶의 의미

크리슈나무르티 지음 / 최윤영 엮음
금세기 최고의 사상가이자 철학자인 크리슈나무르티가 인간의 정신적 사고의
구조와 본질을 규명하여 인간의 삶에 대한 가장 완벽한 해답을 제시.
신국판 / 180쪽 / 4,000원

장자-어찌하여 알 속에 털이 있다 하는가
홍영의 엮음
동양 사상의 저변에 흐르고 있는 자연에의 경외감을 유감없이 표현한 장자를
통하여 인간 본연의 자세로 돌아가 나를 돌아보는 계기를 만들어 주는 책.
4 · 6판 / 180쪽 / 4,000원

논어-배우고 때로 익히면 즐겁지 아니한가
신도희 엮음
인간에게 필요불가결한 윤리와 도덕생활의 교훈들을 평이한 문체로 광범위하
게 집약한 논어의 모든 것!!
4 · 6판 / 180쪽 / 4,000원

맹자-가까이 있는데 어찌 먼 데서 구하려 하는가
홍영의 엮음
반성과 자책을 통해 잃어버린 양심을 수습하고 선으로 복귀할 것을 천명하는
맹자 사상의 집대성!! 4 · 6판 / 180쪽 / 4,000원

아름다운 세상을 만드는 사랑의 메시지 365
DuMont monte Verlag 엮음 / 정성호 옮김
독일에서 출간 이후 1백만 권 이상 판매된 베스트셀러. 특별히 소중한 사람을
행복하게 만드는 독창적인 사랑고백법 365가지를 수록한 마음이 따뜻해지는
책. 4×6판 변형 양장본 / 240쪽 / 8,000원

황금의 법
오오카와 류우호오 지음 / 민병수 옮김
불법진리의 연구 및 공부를 통하여 종교적 깨달음의 깊이를 더해 주는 불서.
신국판 / 320쪽 / 12,000원

왜 여자는 바람을 피우는가?
기젤라 룬테 지음 / 김현성 · 진정미 옮김
각계 각층의 여자들과의 인터뷰를 바탕으로 하여 여자들이 바람 피우는 이유
를 진술하게 해부한 여성 탐구서. 국판 / 200쪽 / 7,000원

건 강

식초건강요법
건강식품연구회 엮음 / 신재용 (해성한의원 원장) 감수
가장 쉽게 구할 수 있고 경제적인 식품이면서 상상할 수 없을 정도로 뛰어난
약효를 지닌 식초의 모든 것을 담은 건강지침서! 신국판 / 224쪽 / 6,000원

아름다운 피부미용법
이순희 (한독피부미용학원 원장) 지음
피부조직에 대한 기초 이론과 우리 몸의 생리를 알려줌으로써 아름다운 피부,
젊은 피부를 오래 유지할 수 있는 비결 제시! 신국판 / 296쪽 / 6,000원

버섯건강요법
김병각 외 6명 지음
종양 억제율 100%에 가까운 96.7%를 나타내는 기적의 약용버섯 등 신비의 버
섯을 통하여 암을 치료하고 비만, 당뇨, 고혈압, 동맥경화 등 각종 성인병 예
방을 위한 생활 건강 지침서! 신국판 / 286쪽 / 8,000원

성인병과 암을 정복하는 유기게르마늄
이상현 편저 / 캬오 샤오이 감수
최근 들어 각광을 받고 있는 새로운 치료제인 유기게르마늄을 통한 성인병,
각종 암의 치료에 대해 상세히 소개. 신국판 / 312쪽 / 9,000원

난치성 피부병
생약효소연구원 지음
현대의학으로도 치유불가능했던 난치성 피부병인 건선 · 아토피(태열)의 완치
요법이 수록된 건강 지침서. 신국판 / 232쪽 / 7,500원

新 방약합편
정도명 편역
자신의 병을 알고 증세에 맞춰 스스로 처방을 할 수 있고 조제할 수 있는 보약
506가지 수록. 신국판 / 416쪽 / 15,000원

자연치료의학
오홍근 (신경정신과 의학박사 · 자연의학박사) 지음
대한민국 최초의 자연의학박사가 밝힌 신비의 자연치료의학으로 자연산물을
이용하여 부작용 없이 치료하는 건강 생활 비법 공개!!
신국판 / 472쪽 / 15,000원

약초의 활용과 가정한방
이인성 지음
주변의 흔한 식물과 약초를 활용하여 각종 질병을 간편하게 예방 · 치료할 수
있는 비법제시.
신국판 / 384쪽 / 8,500원

역전의학
이시하라 유미 지음 / 유태종 감수
일반상식으로 알고 있는 건강상식에 대해 전혀 새로운 관점에서 비판하고 아
울러 새로운 방법들을 제시한 건강 혁명 서적!! 신국판 / 286쪽 / 8,500원

이순희의 순수피부미용법
이순희 (한독피부미용학원 원장) 지음
자신의 피부에 맞는 관리법으로 스스로 피부관리를 할 수 있는 방법을 제시하
고 책 속 부록으로 천연팩 재료 사전과 피부 타입별 팩 고르기.
신국판 / 304쪽 / 7,000원

21세기 당뇨병 예방과 치료법
이현철 (연세대 의대 내과 교수) 지음
세계 최초 유전자 치료법을 개발한 저자가 당뇨병과 대항하여 가장 확실하게
이길 수 있는 당뇨병에 대한 올바른 이론과 발병시 대처 방법을 상세히 수록!
신국판 / 360쪽 / 9,500원

신재용의 민의학 동의보감
신재용 (해성한의원 원장) 지음
주변의 흔한 먹거리를 이용하여 신비의 명약이나 보약으로 활용할 수 있는 건
강 지침서로서 저자가 TV나 라디오에서 다 밝히지 못한 한방 및 민간요법까
지 상세히 수록!! 신국판 / 476쪽 / 10,000원

치매 알면 치매 이긴다
배오성 (백상한방병원 원장) 지음
B.O.S.요법으로 뇌세포의 기능을 활성화시키고 엔돌핀의 분비효과를 극대화
시켜 증상에 맞는 한약 처방을 병행하여 치매를 치유하는 획기적인 치유법 제
시. 신국판 / 312쪽 / 10,000원

21세기 건강혁명 밥상 위의 보약 생식
최경순 지음
항암식품으로, 다이어트식으로, 젊고 탄력적인 피부를 유지할 수 있게 해주는

자연식으로의 생식을 소개하여 현대인들의 건강 길라잡이가 되도록 하였다.
신국판 / 348쪽 / 9,800원

기치유와 기공수련
윤한홍(기치유 연구회 회장) 지음
누구나 노력만 하면 개발할 수 있고 활용할 수 있는 기 수련 방법과 기치유 개발 방법 소개. 신국판 / 340쪽 / 12,000원

만병의 근원 스트레스 원인과 퇴치
김지혁(김지혁한의원 원장) 지음
만병의 근원인 스트레스를 속속들이 파헤치고 예방법까지 속시원하게 제시!!
신국판 / 324쪽 / 9,500원

김종성 박사의 뇌졸중 119
김종성 지음
우리나라 사망원인 1위. 뇌졸중 분야의 최고 권위자인 저자가 일상생활에서의 건강관리부터 환자간호에 이르기까지 뇌졸중의 예방, 치료법 등 모든 것 수록. 신국판 / 356쪽 / 12,000원

탈모 예방과 모발 클리닉
장정훈 · 전재홍 지음
미용적인 측면과 우리가 일상적으로 고민하고 궁금해 하는 털에 관한 내용들을 다양하고 재미있게 예를 들어가면서 흥미롭게 풀어간 것이 이 책의 특징.
신국판 / 252쪽 / 8,000원

구태규의 100% 성공 다이어트
구태규 지음
하이틴 영화배우의 다이어트 체험서.
저자만의 다이어트법을 제시하면서 바람직한 다이어트에 대해서도 알려준다. 건강하게 날씬해지고 싶은 사람들을 위한 필독서!
4×6배판 변형 / 240쪽 / 9,900원

암 예방과 치료법
이준기 지음
암환자와 가족들을 위해서 암의 치료방법에서부터 합병증의 예방 및 암이 생기기 전에 알 수 있는 방법에 이르기까지 상세하게 해설해 놓은 책.
신국판 / 296쪽 / 11,000원

알기 쉬운 위장병 예방과 치료법
민영일 지음
소화기관인 위와 관련 기관들의 여러 질환을 발병 원인, 증상, 치료법을 중심으로 알기 쉽게 해설해 놓은 건강서. 신국판 / 328쪽 / 9,900원

이온 체내혁명
노보루 야마노이 지음 / 김병관 옮김
새로운 건강관리 이론으로 주목을 받고 있는 음이온을 통해 건강을 돌볼 수 있는 방법 제시. 신국판 / 272쪽 / 9,500원

어혈과 사혈요법
정지천 지음
침과 부항요법 등을 사용하여 모든 질병을 다스릴 수 방법과 우리 주변에서 흔하게 접할 수 있는 각 질병의 상황별 처치를 혈자리 그림과 함께 해설.
신국판 / 308쪽 / 12,000원

약손 경락마사지로 건강미인 만들기
고정환 지음
경락과 민족 고유의 정신 약손을 결합시킨 약손 성형경락 마사지로 수술하지 않고도 자신이 원하는 부위를 고치는 방법을 제시하는 건강 미용서.
4×6배판 변형 / 284쪽 / 15,000원

정유정의 LOVE DIET
정유정 지음
널리 알려진 온갖 다이어트 방법으로 살을 빼려고 노력했던 저자의 고통스러웠던 다이어트 체험담이 실려 있어 지금 살 때문에 고민하는 사람들이 가슴에 와닿는 나만의 다이어트 계획을 나름대로 세울 수 있을 것이다.
4×6배판 변형 / 196쪽 / 10,500원

머리에서 발끝까지 예뻐지는 부분다이어트
신상만 · 김선민 지음
한약을 먹거나 침을 맞아 살을 빼는 방법, 아로마요법을 이용한 다이어트법, 운동을 이용한 부분비만 해소법 등이 실려 있으므로 나에게 맞는 방법을 선택해 날씬하고 예쁜 몸매를 만들 수 있을 것이다.
4×6배판 변형 / 196쪽 / 11,000원

알기 쉬운 심장병 119
박승정 지음
서울아산병원 심장 내과에 있는 저자가 심장병에 관해 심장질환이 생기는 원인, 증상, 치료법을 중심으로 내용을 상세하게 해설해 놓은 건강서.
신국판 / 248쪽 / 9,000원

알기 쉬운 고혈압 119
이정균 지음
생활 속의 고혈압에 관해 일반인들이 관심을 가지고 예방할 수 있도록 고혈압의 원인, 증상, 합병증 등을 상세하게 해설해 놓은 건강서.
신국판 / 304쪽 / 10,000원

여성을 위한 부인과질환의 예방과 치료
차선희 지음
남들에게는 말할 수 없는 증상들로 고민하고 있는 여성들을 위해 부인암, 골다공증, 빈혈 등 부인과질환을 원인 및 치료방법을 중심으로 설명한 여성건강 정보서. 신국판 / 304쪽 / 10,000원

알기 쉬운 아토피 119
이승규 · 임승엽 · 김문호 · 안유일 지음
감기처럼 흔하지만 암만큼 무서운 아토피 피부염의 원인에서부터 증상, 치료방법, 임상사례, 민간요법을 적용한 환자들의 경험담 등 수록.
신국판 / 232쪽 / 9,500원

120세에 도전한다
이권행 지음
아프지 않고 건강하게 오래 살기를 바라는 현대인들에게 우리 체질에 맞는 식생활습관, 심신 활동, 생활습관, 체질별 · 나이별 양생법을 소개. 장수하고픈 독자들의 궁금증을 풀어줄 것이다. 신국판 / 308쪽 / 11,000원

건강과 아름다움을 만드는 요가
정판식 · 노진이 지음
책을 보고서 집에서 혼자서도 할 수 있는 요가법 수록. 각종 질병에 따른 요가 수정체조법도 담았으며, 별책 부록으로 한눈에 보는 요가 차트 수록.
4×6배판 변형 / 224쪽 / 14,000원

우리 아이 건강하고 아름다운 롱다리 만들기
김성훈 지음
키 작은 우리 아이를 롱다리로 만드는 비법공개. 식사습관과 생활습관만의 변화로도 키를 크게 할 수 있으므로 키 작은 자녀를 둔 부모의 고민을 해결해 준다. 대국전판 / 236쪽 / 10,500원

알기 쉬운 허리디스크 예방과 치료
이종서 지음
이환 인구가 전 국민을 대상으로 할 정도로 빈도가 높은 허리디스크와 요통에 관한 모든 것 수록. 전문가들의 의견, 허리병의 치료에서 가장 중요한 운동치료, 허리디스크와 요통에 관해 언론에서 잘못 소개한 기사나 과장 보도한 기사, 대상이 광범위함으로써 생기고 있는 사이비 의술 및 상업적인 의술을 시행하는 상업적인 병원 등을 소개함으로써 허리병을 앓고 있는 사람들에게 정확하고 올바른 지식을 전달하고자 하는 길라잡이서.
대국전판 / 336쪽 / 12,000원

교 육

우리 교육의 창조적 백색혁명
원상기 지음
자라나는 새싹들이 기본적인 지식과 사고를 종합적 · 창조적으로 발전시켜 창조적인 사고능력을 배양할 수 있도록 한 교육지침서. 신국판 / 206쪽 / 6,000원

현대생활과 체육
조창남 외 5명 공저
각종 현대병의 원인과 예방 및 운동요법에 대한 이론과 요즘 각광받는 골프 · 스키 · 볼링 등의 레저스포츠 총망라한 생활체육 총서.
신국판 / 340쪽 / 10,000원

퍼펙트 MBA
IAE유학네트 지음
기존의 관련 도서들과는 달리 Top MBA로 가는 길을 상세하고 완벽하게 수록. 가장 완벽하고 충실한 최신 정보 제공. 신국판 / 400쪽 / 12,000원

유학길라잡이 I - 미국편
IAE유학네트 지음
미국의 교육제도 및 유학을 가기 위해서 준비해야 할 절차, 미국 현지 생활 정보, 최신 비자정보 등을 한눈에 볼 수 있는 유학길라잡이.
4×6배판 / 372쪽 / 13,900원

유학길라잡이 II - 4개국편
IAE유학네트 지음
영어권 국가인 영국 · 캐나다 · 호주 · 뉴질랜드의 현지 정보 · 교육제도 및 각국가별 학교의 특화된 교육내용 완전 수록!! 4×6배판 / 348쪽 / 13,900원

조기유학길라잡이.com
IAE유학네트 지음
영어권으로 나이 어린 자녀를 유학보내기 위해 준비중인 학부모 및 준비생들이 반드시 읽어야 할 필독서!! 영어권 나라의 교육제도 및 학교별 데이터를 완벽하게 수록하여 유학정보서의 질을 한 단계 상승시킨 결정판!!
4×6배판 / 428쪽 / 15,000원

현대인의 건강생활
박상호 외 5명 공저
현대인들의 건강한 삶을 위한 사회체육의 중요성을 강조. 건강과 체력 증진을 위한 기본상식, 노인과 건강 등 이론과 스쿼시 · 스키 · 윈드 서핑 등 레저스포츠 등의 실기편으로 이루어진 알찬 내용 수록.
4×6배판 / 268쪽 / 15,000원

천재아이로 키우는 두뇌훈련
나카마츠 요시로 지음 / 민병수 옮김
머리가 좋은 아이로 키우기 위한 환경 만들기, 식사, 운동 등 연령별 두뇌 훈련법 소개. 국판 / 288쪽 / 9,500원

테마별 고사성어로 익히는 한자
김경익 지음
세글자, 네글자로 이루어진 고사성어를 통해 실용한자를 익히고 성어 속에 담긴 의미도 오늘에 맞게 재해석 해보는 한자 학습서.
4×6배판 변형 / 248쪽 / 9,800원

生생 공부비법
이은승 지음
국내 최초 수학과외 수출의 주인공 이은승이 개발한 자기만의 맞춤식 공부학습법 소개. 공부도 하는 법을 알면 목표를 달성할 수 있다고 용기를 북돋우어 주는 실전 공부 비법서. 신국판 변형 / 272쪽 / 9,500원

취미 · 실용

김진국과 같이 배우는 와인의 세계
김진국 지음
포도주 역사에서 분류, 원료 포도의 종류와 재배, 양조 · 숙성 · 저장, 시음법, 어울리는 요리와 와인의 유통과 소비, 와인 시장의 현황과 전망, 와인 판매 요령, 와인의 보관과 재고의 회전, '와인 양조 비밀의 모든 것'을 동영상으로 제작한 CD까지, 와인의 모든 것이 담긴 종합학습서.
국배판 변형 양장본(올 컬러판) / 208쪽 / 30,000원

경제 · 경영

CEO가 될 수 있는 성공법칙 101가지
김승룡 편역
또 한 번의 경제위기를 겪고 있는 우리의 현실을 극복하고 일어설 수 있는 리더로서의 역할과 책임에 대한 명확한 해답을 제시해줄 것이다.
신국판 / 320쪽 / 9,500원

정보소프트
김승룡 지음
홍수처럼 쏟아지는 정보를 수집 · 분석하여 효과적으로 활용하는 방법을 총망라한 정보 전략 완벽 가이드!! 신국판 / 324쪽 / 6,000원

기획대사전
다카하시 겐코 지음 / 홍영의 옮김
기획에 관련된 모든 사항을 실례와 도표를 통하여 초보자에서 프로기획맨에 이르기까지 효율적으로 활용할 수 있도록 체계적으로 총망라하였다.
신국판 / 552쪽 / 19,500원

맨손창업 · 맞춤창업 BEST 74
양혜숙 지음
창업대행 현장 전문가가 추천하는 유망업종을 7가지 주제별로 나누어 수록한 맞춤창업서로 창업예비자들에게 창업의 길을 밝혀줄 발로 뛰면서 만든 실무 지침서!! 신국판 / 416쪽 / 12,000원

무자본, 무점포 창업! FAX 한 대면 성공한다
다카시로 고시 지음 / 홍영의 옮김
완벽한 FAX 활용법을 제시하여 가장 적은 자본으로 창업하려는 예비자들에게 큰 투자를 필요로 하지 않으면서 성공을 이끌어주는 길라잡이가 되는 실무지침서. 신국판 / 226쪽 / 7,500원

성공하는 기업의 인간경영
중소기업 노무 연구회 편저 / 홍영의 옮김
무한경쟁시대에서 각 기업들의 다양한 경영 실태 속에서 인사 · 노무 관리 개선에 있어서 기업의 효율을 높이고 발전을 이룰 수 있는 원칙을 제시.
신국판 / 368쪽 / 11,000원

21세기 IT가 세계를 지배한다
김광희 지음
21세기 화두로 떠오른 IT혁명의 경쟁력에 대해서 전문가의 논리적이고 철저한 해설과 더불어 매장 끝까지 실제 사례를 곁들여 설명.
신국판 / 380쪽 / 12,000원

경제기사로 부자아빠 만들기
김기태·신현태·박근수 공저
날마다 배달되는 경제기사를 꼼꼼히 챙겨보는 사람만이 현대생활에서 부자가 될 수 있다. 언론인의 현장감각과 학자의 전문성을 접목시킨 것이 이 책의 특성! 누구나 이 책을 읽고 경제원리를 체득, 경제예측을 할 수 있게 준비된 생활경제서적. 신국판 / 388쪽 / 12,000원

포스트 PC의 주역 정보가전과 무선인터넷
김광희 지음
포스트 PC의 주역으로 급부상하고 있는 정보가전과 무선인터넷 그리고 이를 구현하기 위한 관련 테크놀러지를 체계적으로 소개. 신국판 / 356쪽 / 12,000원

성공하는 사람들의 마케팅 바이블
채수명 지음
최근의 이론을 보완하여 내놓은 마케팅 관련 실무서. 마케팅의 정보전략, 핵심요소, 컨설팅실무까지 저자의 노하우와 창의적인 이론이 결합된 마케팅서.
신국판 / 328쪽 / 12,000원

느린 비즈니스로 돌아가라
사카모토 게이이치 지음 / 정성호 옮김
미국식 스피드 경영에 익숙해져 현실의 오류를 간과하고 있는 사람들을 위한 어떻게 팔 것인가보다 무엇을 팔 것인가를 차분히 설명하는 마케팅 컨설턴트의 대안 제시서! 신국판 / 276쪽 / 9,000원

적은 돈으로 큰돈 벌 수 있는 부동산 재테크
이원재 지음
700만 원으로 부동산 재테크에 뛰어들어 100배 불린 저자가 부동산 재테크를 계획하고 있는 사람들이 반드시 알아두어야 할 내용을 경험담을 담아 해설해 놓은 경제서. 신국판 / 340쪽 / 12,000원

바이오혁명
이주영 지음
21세기 국가간 경쟁부문으로 새로이 떠오르고 있는 바이오혁명에 관한 기초지식을 언론사에 몸담고 있는 현직 기자가 아주 쉽게 해설해 놓은 바이오 가이드서. 바이오 관련 용어 해설 수록. 신국판 / 328쪽 / 12,000원

두뇌혁명
나카마츠 요시로 지음 / 민병수 옮김
『뇌내혁명』 하루야마 시게오의 추천작!!
어른들을 위한 두뇌 개발서로, 풍요로운 인생을 만들기 위한 '뇌' 와 '몸' 자극법 제시. 4×6판 양장본 / 288쪽 / 12,000원

성공하는 사람들의 자기혁신 경영기술
채수명 지음
자기 계발을 통한 신지식 자기경영마인드를 갖추어야 한다는 전제 아래 그 방법을 자세하게 알려주는 자기계발 지침서. 신국판 / 344쪽 / 12,000원

CFO
쿄텐 토요오·타하라 오키시 지음 / 민병수 옮김
일반인들에게 생소한 용어인 CFO. 세계화에 발맞추어 기업이 경쟁력을 갖추려면 CFO, 즉 최고 재무책임자의 역할이 지금까지와는 완전히 달라져야 한다. 이에 기업을 이끌어가는 새로운 키잡이로서의 CFO의 역할, 위상 등을 일본의 기업을 중심으로 하여 알아보고 바람직한 방향을 제시한다.
신국판 / 312쪽 / 12,000원

네트워크시대 네트워크마케팅
임동학 지음
학력, 사회적 지위 등에 관계 없이 자신이 노력한 만큼 돈을 벌 수 있는 네트워크마케팅에 관해 알려주는 안내서. 신국판 / 376쪽 /12,000원

성공리더의 7가지 조건
다이앤 트레이시·윌리엄 모건 지음 / 지창영 옮김
개인과 팀, 조직관계의 개선을 위한 방향제시 및 실천을 위한 안내자 역할을 해주는 책. 현장에서 활용할 수 있는 실용서. 신국판 / 360쪽 / 13,000원

김종결의 성공창업
김종결 지음
누구나 창업을 할 수는 있지만 아무나 돈을 버는 것은 아니다라는 전제 아래 중견 연기자로서, 음식점 사장님으로 성공한 탤런트 김종결의 성공비결을 통해 창업전략과 성공전략을 제시한다. 신국판 / 340쪽 / 12,000원

최적의 타이밍에 내 집 마련하는 기술
이원재 지음
부동산을 통한 재테크의 첫걸음 '내 집 마련' 의 결정판. 체계적이고 한눈에 쏙 들어 오는 '내 집 장만 과정' 을 쉽게 풀어놓은 부동산재테크서.
신국판 / 248쪽 / 10,500원

컨설팅 세일즈 Consulting sales
임동학 지음
발로 뛰는 영업이 아니라 머리로 하는 영업이 절실히 요구되는 시대 상황에 맞추어 고객지향의 세일즈, 과제해결 세일즈, 구매자와 공급자 간에 서로 만족하는 세일즈법 제시. 대국전판 / 336쪽 / 13,000원

연봉으로 10억 만들기
김농주 지음
연봉으로 말해지는 임금을 재테크 하여 부자가 될 수 있는 방법 제시. 고액의 연봉을 받기 위해서 개인이 갖추어야 할 실무적 능력, 태도, 마음가짐, 재테크 수단 등을 각 주제에 따라 구체적으로 제시함으로써 부자를 꿈꾸는 사람들이 그 희망을 이룰 수 있게 해준다.
국판 / 216쪽 / 10,000원

주5일제 근무에 따른 한국형 주말창업
최효진 지음
주5일 근무제 시행에 따른 주말 48시간을 활용하여 자기 사업을 할 수 있는 길 제시. 우리나라 실정에 맞는 주말창업 아이템의 제시 및 창업시 필요한 정보를 얻을 수 있는 곳, 주의해야 할 점, 실전 인터넷 쇼핑몰 창업, 표준사업계획서 등을 수록하여 지금 당장이라도 내 사업을 할 수 있게 해주는 창업 길라잡이서. 신국판 변형 양장본 / 216쪽 / 10,000원

주 식

개미군단 대박맞이 주식투자
홍성걸(한양증권 투자분석팀 팀장) 지음
초보에서 인터넷을 활용한 주식투자까지 필자의 현장에서의 경험을 바탕으로 한 주식 성공전략의 모든 정보 수록. 신국판 / 310쪽 / 9,500원

알고 하자! 돈 되는 주식투자
이길영 외 2명 공저
일본과 미국의 주식시장을 철저한 분석과 데이터화를 통해 한국 주식시장의 투자의 흐름을 파악함으로써 한국 주식시장에서의 확실한 성공전략 제시!!
신국판 / 388쪽 / 12,500원

항상 당하기만 하는 개미들의 매도·매수타이밍 999% 적중 노하우
강경무 지음
승부사를 꿈꾸며 와신상담하는 모든 이들에게 희망의 등불이 될 것을 확신하는 Jusicman이 주식시장에서 돈벌고 성공할 수 있는 비결 전격공개!!
신국판 / 336쪽 / 12,000원

부자 만들기 주식성공클리닉
이창희 지음
저자의 경험담을 섞어서 주식이란 무엇인가를 풀어서 써놓은 주식입문서. 초보자와 자신을 성찰해볼 기회를 가지려는 기존의 투자자를 위해 태어났다.
신국판 / 372쪽 / 11,500원

선물·옵션 이론과 실전매매
이창희 지음
선물과 옵션시장에서 일반인들이 실패하는 원인을 분석하고, 반드시 지켜야 할 투자원칙에 따라 유형별로 실전 매매 테크닉을 터득함으로써 투자를 성공적으로 할 수 있게 한 지침서!! 신국판 / 372쪽 / 12,000원

너무나 쉬워 재미있는 주가차트
홍성우 지음
주식시장에서는 차트 분석을 통해 주가를 예측하는 투자자만이 주식투자에서 성공하므로 차트에서 급소를 신속, 정확하게 뽑아내 매매타이밍을 잡는 방법을 알려주는 주식투자 지침서. 4×6배판 / 216쪽 / 15,000원

역 학

역리종합 만세력
정도명 편저
현존하는 만세력 중 최장 기간을 수록하였으며 누구나 이 책을 보고 자신의 사주를 쉽게 찾아보고 맞춰 볼 수 있게 하였다. 신국판 / 532쪽 / 10,500원

작명대전
정보국 지음
독자들 스스로 작명할 수 있도록 한글 소리 발음에 입각한 작명의 원리를 밝힌 길라잡이서. 신국판 / 460쪽 / 12,000원

하락이수 해설
이천교 편저
점서학인 하락이수를 직역으로 풀어 놓아 원작자의 깊은 뜻을 원형 그대로 전달하고 원문을 공부하려는 사람들에게 도움이 되는 해설서이다.
신국판 / 620쪽 / 27,000원

현대인의 창조적 관상과 수상
백운산 지음
관상학을 터득하여 적절히 운명에 대처해 나감으로써 어느 분야에서든지 성공적인 삶을 누릴 수 있는 비법을 전해줄 것이다. 신국판 / 344쪽 / 9,000원

대운용신영부적
정재원 지음
수많은 역사와 신비로운 영험을 지닌 1,000여 종의 부적과 저자가 수십 년간 연구·개발한 200여 종의 부적들을 집대성한 국내 최대의 영부적이다.
신국판 양장본 / 750쪽 / 39,000원

사주비결활용법
이세진 지음
컴퓨터와 역학의 만남!! 운명의 숨겨진 비밀을 꿰뚫어 보는 신녹현사주 방정식의 모든 것을 수록. 신국판 / 392쪽 / 12,000원

컴퓨터세대를 위한 新 성명학대전
박용찬 지음
이름 속에 운명을 바꾸는 비결이 있다. 태어난 아기 이름은 물론 개명·상호·아호 짓는 법까지 사람이 살아가면서 필요한 모든 이름 짓기가 총망라되어 각자의 개성과 사주에 맞게 이름을 짓는 작명비법을 수록.
신국판 / 388쪽 / 11,000원

길흉화복 꿈풀이 비법
백운산 지음
길몽과 흉몽을 구분하여 그림과 함께 보기 쉽게 엮었으며, 특히 요즘 신세대 엄마들에게 관심이 많은 태몽이 여러 가지로 자세하게 풀이되어 있다.
신국판 / 410쪽 / 12,000원

새천년 작명컨설팅
정재원 지음
혼자 배워야 하는 독자들도 정말 이해하기 쉽도록 구성된 신세대 부모를 위한 쉽고 좋은 아기 이름만들기의 결정판. 신국판 / 470쪽 / 13,000원

백운산의 신세대 궁합
백운산 지음
남녀궁합 보는 법뿐만 아니라 인간관계, 출세, 재물, 자손문제, 건강문제, 성격, 길흉관계 등을 미리 규명할 수 있도록 쉽게 풀어놓았다.
신국판 / 304쪽 / 9,500원

동자삼 작명학
남시모 지음
최초의 한글 성명학으로 한글의 독창성·우수성·과학성을 운명철학 차원에서 검증한, 한국사람에게 알맞은 건물명·상호·물건명 등의 이름을 자신에게 맞는 한글이름으로 지을 수 있는 작명비법을 제시한다.
신국판 / 496쪽 / 15,000원

구성학의 기초
문길여 지음
방위학의 모든 것을 통하여 개인의 일생운·결혼운·사고운·가정운·부부운·자식운·출세운을 성공적으로 이끄는 비법 공개.
신국판 / 412쪽 / 12,000원

법률 일반

여성을 위한 성범죄 법률상식
조명원(변호사) 지음
성희롱에서 성폭력범죄까지 여성이었기 때문에 특히 말 못하고 당해야만 했던 이 땅의 여성들을 위한 성범죄 법률상식서. 사례별 법적 대응방법 제시.
신국판 / 248쪽 / 8,000원

아파트 난방비 75% 절감방법
고영근 지음
예비역 공군소장이 잘못 부과된 아파트 난방비를 최고 75%까지 줄일 수 있는
방법을 구체적인 법적 근거를 토대로 작성한 아파트 난방비 절감방법 제시.
신국판 / 238쪽 / 8,000원

일반인이 꼭 알아야 할 절세전략 173선
최성호(공인회계사) 지음
세법을 제대로 알면 돈이 보인다.
현직 공인중계사가 알려주는 합법적으로 세금을 덜 내고 돈을 버는 절세전략
의 모든 것! 신국판 / 392쪽 / 12,000원

변호사와 함께하는 부동산 경매
최환주(변호사) 지음
새 상가건물임대차보호법에 따른 권리분석과 채무자나 세입자의 권리방어기
법은 제시한다. 또한 새 민사집행법에 따른 각 사례별 해설도 수록.
신국판 / 404쪽 / 13,000원

혼자서 쉽고 빠르게 할 수 있는 소액재판
김재용 · 김종철 공저
나홀로 소액재판을 할 수 있도록 소장작성에서 판결까지의 실제 재판과정을
상세하게 수록하여 이 책 한 권이면 모든 것을 완벽하게 해결할 수 있다.
신국판 / 312쪽 / 9,500원

"술 한 잔 사줬다"는 말에서 찾아보는 채권 · 채무
변환철 지음
일반인들이 꼭 알아야 할 채권 · 채무에 관한 법률 사항을 빠짐없이 수록.
신국판 / 408쪽 / 13,000원

알기쉬운 부동산 세무 길라잡이
이건우 지음
부동산에 관련된 모든 세금을 알기 쉽게 단계별로 해설. 합리적이고 탈세가
아닌 적법한 절세법 제시. 신국판 / 400쪽 / 13,000원

알기쉬운 어음, 수표 길라잡이
변환철(변호사) 지음
어음, 수표의 발행에서부터 도난 또는 분실한 경우의 공시최고와 제권판결에
이르기까지 어음, 수표 관련 법률사항을 쉽고도 상세하게 압축해 놓은 생활법
률서. 신국판 / 328쪽 / 11,000원

제조물책임법
강동근 · 윤종성 공저
제품의 설계, 제조, 표시상의 결함으로 소비자가 피해를 입었을 때 제조업자
가 배상책임을 져야 하는 제조물책임 시대를 맞아 제조업자가 갖춰야 할 법률
적 지식을 조목조목 설명해 놓은 법률서.
신국판 / 368쪽 / 13,000원

알기 쉬운 주5일근무에 따른 임금 · 연봉제 실무
문강분 지음
최근의 행정해석과 판례를 중심으로 임금관련 문제를 정리하고 기업에서 관
심이 많은 연봉제 및 성과배분제, 비정규직문제, 여성근로자문제 등의 이슈들
과 주40시간제 법개정, 퇴직연금제 도입 등 최근의 법 · 시행령 개정사항을 모
두 수록한 임금 · 연봉제실무 지침서. 4×6배판 변형 / 544쪽 / 35,000원

변호사 없이 당당히 이길 수 있는 형사소송
김대환 지음
우리 생활과 함께 숨쉬는 형사법 서식을 구체적인 사례와 함께 소개. 내 손으
로 간결하고 명확한 고소장 · 항소장 · 상고장 등 형사소송서식을 작성할 수
있다. 형사소송 관련 서식 CD 수록. 신국판 / 304쪽 / 13,000원

변호사 없이 당당히 이길 수 있는 민사소송
김대환 지음
민사, 호적과 가사를 포함한 생활과 밀접한 관련이 있는 생활법률 전반을 보
통 사람들이 가장 궁금해하는 내용을 위주로 하여 사례를 들어가며 아주 쉽게
풀어놓은 민사 실무서. 신국판 / 412쪽 / 14,500원

생활 법률

부동산 생활법률의 기본지식
대한법률연구회 지음 / 김원중 감수
부동산관련 기초지식과 분쟁해결을 위한 노하우, 테크닉을 제 시하고 권두 특
집으로 주택건설종합계획과 부동산 관련 정부주요 시책을 소개하였다.
신국판 / 480쪽 / 12,000원

고소장 · 내용증명 생활법률의 기본지식
하태웅 지음
스스로 고소 · 고발장을 작성할 수 있도록 예문과 서식을 함께 소개. 또 민사
소송에 대해서도 자세하게 설명. 신국판 / 440쪽 / 12,000원

노동 관련 생활법률의 기본지식
남동희 지음
4만 여 건 이상의 무료 상담을 계속하고 있는 저자의 상담 사례를 통해 문답
식으로 풀어나가는 노동 관련 생활법률 해설의 최신 결정판.
신국판 / 528쪽 / 14,000원

외국인 근로자 생활법률의 기본지식
남동희 지음
외국인 연수협력단의 자문위원으로 오랜 시간 실무를 접했던 저자의 경험을
바탕으로 외국인 근로자의 체류자격 및 취업자격 등 법적 문제와 법률적 지위
를 상세하게 다루었다. 신국판 / 400쪽 / 12,000원

계약작성 생활법률의 기본지식
이상도 지음
국민생활과 직결된 계약법의 기초를 이루는 핵심 기본지식을 간단명료한 해
설 및 관련 계약서 작성 예문과 함께 제시. 신국판 / 560쪽 / 14,500원

지적재산 생활법률의 기본지식
이상도 · 조의제 공저
현대 산업사회에서 중요시되고 있는 특허, 실용신안, 의장, 상표, 저작권, 컴
퓨터프로그램저작권 등 지적재산의 모든 것을 체계화하여 한 권으로 요약하
였다. 신국판 / 496쪽 / 14,000원

부당노동행위와 부당해고 생활법률의 기본지식
박영수 지음
노사관계 핵심사항인 부당노동행위와 정리해고 · 징계해고를 중심으로 간단
명료한 해설과 더불어 대법원 판례. 노동위원회에 의한 구제절차, 소송절차
및 노동부 업무처리지침을 소개. 신국판 / 432쪽 / 14,000원

주택 · 상가임대차 생활법률의 기본지식
김운용 지음
전세업자들이 보증금 반환소송이나 민사소송, 경매절차까지의 기본적인 흐름
을 알 수 있도록 인터넷을 통한 실제 법률 상담을 전격 수록.
신국판 / 480쪽 / 14,000원

하도급거래 생활법률의 기본지식
김진홍 지음
경제적 약자인 하도급업자를 위하여 하도급거래 관련 필수적인 법률사안들을 쉽게 해설함과 동시에 실무에 필요한 12가지 하도급표준계약서를 소개.
신국판 / 440쪽 / 14,000원

이혼소송과 재산분할 생활법률의 기본지식
박동섭 지음
이혼과 관련하여 해결해야 할 법률문제들을 저자의 실무경험을 바탕으로 명쾌하게 해설하였다. 아울러 약혼이나 사실혼파기로 인한 위자료문제도 함께 다루어 가정문제로 고민하는 사람들에게 길잡이가 되도록 하였다.
신국판 / 460쪽 / 14,000원

부동산등기 생활법률의 기본지식
정상태 지음
등기를 하지 않으면 어떤 위험이 따르고, 등기를 하면 어떤 효력이 생기는가! 등기신청은 어떻게 하며, 필요한 서류는 무엇이고, 등기종류에는 어떤 것들이 있는가 등 부동산등기 전반에 걸쳐 일반인이 꼭 알아야 할 법률상식을 간추려 간단, 명료하게 해설하였다.
신국판 / 456쪽 / 14,000원

기업경영 생활법률의 기본지식
안동섭 지음
사업을 구상하고 있는 사람이나 현재 경영하고 있는 사람 및 관리실무자에게 필요한 법률을 체계적으로 알려주고 관련 법률서식과 서식작성 예문도 함께 소개. 신국판 / 466쪽 / 14,000원

교통사고 생활법률의 기본지식
박정무 · 전병찬 공저
교통사고 당사자가 쉽게 응용할 수 있도록 단계별 해결책을 제시함과 동시에 사고유형별 Q&A를 통하여 상세한 법률자문 역할을 하였다.
신국판 / 480쪽 / 14,000원

소송서식 생활법률의 기본지식
김대환 지음
일상생활과 밀접한 소송서식을 중심으로 소장작성부터 판결을 받을 때까지 그 서식작성요령을 서식마다 항목별로 자세하게 설명하였다.
신국판 / 480쪽 / 14,000원

호적 · 가사소송 생활법률의 기본지식
정주수 지음
개명, 성 · 본 창설, 취적절차 및 법원의 허가 및 판결에 의한 호적정정절차, 친권 · 후견절차, 실종선고 · 부재선고절차에 상세한 해설과 함께 신고서식 작성요령과 구비할 서류 및 재판절차에 대하여 자세히 설명.
신국판 / 516쪽 / 14,000원

상속과 세금 생활법률의 기본지식
박동섭 지음
상속재산분할, 상속회복청구, 유류분반환청구, 상속세부과처분취소 등 상속 관련 사건들을 해결하는 데 도움이 되도록 상속법과 상속세법을 상세하게 함께 수록. 신국판 / 480쪽 / 14,000원

담보 · 보증 생활법률의 기본지식
류량호 지음
살아가다 보면 담보를 제공하거나 보증을 서는 일이 비일비재하다. 이렇게 담보를 제공하거나 보증을 섰는데 문제가 생겼을 때의 해결방법을 법조항 설명과 함께 실례를 실어 알아 본다. 신국판 / 436쪽 / 14,000원

소비자보호 생활법률의 기본지식
김성천 지음
소비자의 권리 실현 보장 관련 법률 및 소비자 파산 문제를 상세한 해설 · 판례와 함께 모두 수록. 신국판 / 504쪽 / 15,000원

처 세

성공적인 삶을 추구하는 여성들에게 우먼파워
조안 커너 · 모이라 레이너 공저 / 지창영 옮김
사회의 여성을 향한 냉대와 편견의 벽을 깨뜨리고 성공적인 삶을 이루려는 여성들이 갖추어야 할 자세 및 삶의 이정표 제시!! 신국판 / 352쪽 / 8,800원

聽 이익이 되는 말 話 손해가 되는 말
우메시마 미요 지음 / 정성호 옮김
직장이나 집안에서 언제나 주고받는 일상의 화제를 모아 실음으로써 대화의 참미를 깨닫고 비즈니스를 성공적으로 이끌기 위한 대화술을 키우는 방법 제시!! 신국판 / 304쪽 / 9,000원

성공하는 사람들의 화술테크닉
민영욱 지음
개인간의 사적인 대화에서부터 대중을 위한 공적인 강연에 이르기까지 어떻게 말하고 어떻게 스피치를 할 것인가에 관한 지침서. 신국판 / 320쪽 / 9,500원

부자들의 생활습관 가난한 사람들의 생활습관
다케우치 야스오 지음 / 홍영의 옮김
경제학의 발상을 기본으로 하여 사람들이 살아가면서 생활에서 생각해 볼 수 있는 이익을 보는 생활습관과 손해를 보는 생활습관을 수록, 독자 자신에게 맞는 생활습관의 기본 전략을 설계할 수 있도록 제시.
신국판 / 320쪽 / 9,800원

코끼리 귀를 당긴 원숭이-히딩크식 창의력을 배우자
강충인 지음
코끼리와 원숭이의 우화를 히딩크의 창조적 경영기법과 리더십에 대비하여 자기혁신, 기업혁신을 꾀하는 창의력 개발법을 제시. 신국판 / 208쪽 / 8,500원

성공하려면 유머와 위트로 무장하라
민영욱 지음
21세기에 들어 새로운 추세를 형성하고 있는 말 잘하기. 이러한 추세에 맞추어 현재 스피치 강사로 활약하고 있는 저자가 말을 잘하는 방법과 유머와 위트를 만들고 즐기는 방법을 제시한다. 신국판 / 292쪽 / 9,500원

등소평의 오뚝이전략
조창남 편저
중국 역사상 정치 · 경제 · 학문 등의 분야에서 최고 위치에 오른 리더들의 인재활용, 상황 극복법 등 처세 전략 · 전술을 통해 이 시대의 성공인으로 자리매김하는 해법 제시. 신국판 / 304쪽 / 9,500원

노무현 화술과 화법을 통한 이미지 변화
이현정 지음
현재 불교방송에서 활동하고 있는 이현정 아나운서의 화술 길라잡이서. 노무현 대통령의 독특한 화술과 화법을 통해 리더로서, 성공인으로서 갖추어야 할 화술 화법을 배우는 화술 실용서. 신국판 / 320쪽 / 10,000원

성공하는 사람들의 토론의 법칙
민영욱 지음
다양한 사람들의 다양한 욕구를 하나로 응집시키는 수단으로 등장하고 있는 토론에 관해 간단하고 쉽게 제시한 토론 길라잡이서. 신국판 / 280쪽 / 9,500원

사람은 칭찬을 먹고산다
민영욱 지음
말 한마디에 천냥 빚을 갚는다는 속담이 있다. 현대에서 성공하는 사람으로 남기 위해서는 남을 칭찬할 줄도 알아야 한다. 성공하는 사람이 되기 위해서 알아야 할 칭찬 스피치의 기법, 특징 등을 실생활에 적용해 설명해놓은 성공 처세 지침서. 신국판 / 268쪽 / 9,500원

사과의 기술
김농주 지음

미안하다는 말에 인색한 한국인들에게 "I'm sorry."가 성공을 위한 처세 기법으로 다가온다. 직장, 가정 등 다양한 환경에서 사과 한마디의 의미, 기능을 알아보고 효율성을 가진 사과가 되기 위해 갖추어야 할 조건을 제시한다.

신국판 변형 양장본 / 200쪽 / 10,000원

명 상

명상으로 얻는 깨달음
달라이 라마 지음 / 지창영 옮김

티베트의 정신적 지도자이자 실질적 지도자인 달라이 라마의 수많은 가르침 가운데 현대인에게 필요해지고 있는 인내에 대한 이야기.

국판 / 320쪽 / 9,000원

어 학

2진법 영어
이상도 지음

2진법 영어의 비결을 통해서 기존 영어학습 방법의 단점을 말끔히 해소시켜 주는 최초로 공개되는 고효율 영어학습 방법. 적은 시간을 투자하여 영어의 모든 것을 획기적으로 향상시킬 수 있는 비법을 제시한다.

4×6배판 변형 / 328쪽 / 13,000원

한 방으로 끝내는 영어
고제윤 지음

일상생활에서의 이야기를 바탕으로 하는 영어강의로 영어문법은 재미없고 지루하다고 생각하는 이 땅의 모든 사람들의 상식을 깨면서 학습 효과를 높이기 위한 공부방법을 제시하는 새로운 영어학습서. 신국판 / 316쪽 / 9,800원

한 방으로 끝내는 영단어
김승엽 지음 / 김수경 · 카렌다 감수

일상생활에서 우리가 무심코 던지는 영어 한마디가 당신의 영어수준을 드러낸다는 사실을 깨닫게 하는 영어 실용서. 풍부한 예문을 통해 참영어를 배우겠다는 사람, 무역업이나 관광 안내업에 종사하는 사람, 영어권 나라로 이민을 가려는 사람들에게 많은 도움을 줄 것이다. 4×6배판 변형 / 236쪽 / 9,800원

해도해도 안 되던 영어회화 하루에 30분씩 90일이면 끝낸다
Carrot Korea 편집부 지음

온라인과 오프라인을 넘나들면서 영어학습자들의 각광을 받고 있는 린다의 현지 생활 영어 수록. 교과서에서 배울 수 없었던 생생한 실생활 영어를 90일 학습으로 모두 끝낼 수 있다. 4×6배판 변형 / 260쪽 / 15,000원

바로 활용할 수 있는 기초생활영어
김수경 지음

다양한 상황에 대처할 수 있도록 인사나 감정 표현, 전화나 교통, 장소 및 기타 여러 사항에 관한 기초생활영어를 총망라. 신국판 / 240쪽 / 10,000원

바로 활용할 수 있는 비즈니스영어
김수경 지음

해외 출장시, 외국의 바이어 접견시 기본적으로 사용할 수 있는 상황별 센텐스를 수록하여 해외 출장 준비 및 외국 바이어 접견을 완벽하게 끝낼 수 있게 했다. 신국판 / 252쪽 / 10,000원

생존영어55
홍일록 지음

살아 있는 영어를 익힐 수 있는 기회 제공. 반드시 알아야 할 핵심 센텐스를 저자가 미국 현지에서 겪었던 황당한 사건들과 함께 수록, 재미도 느낄 수 있다. 신국판 / 224쪽 / 8,500원

필수 여행영어회화
한현숙 지음

해외로 여행을 갔을 때 원어민에게 바로 통할 수 있는 발음 수록. 자신 있고 당당한 자기 표현으로 즐거운 여행을 할 수 있도록 손안의 가이드 역할을 해 줄 것이다. 4×6판 변형 / 328쪽 / 7,000원

필수 여행일어회화
윤영자 지음

가깝고도 먼 나라라고 흔히 말해지는 일본을 제대로 알기 위해, 일본을 체험해보기 위해 노력하는 사람들에게 손안의 가이드 역할을 하는 실전 일어회화집. 일어 초보자들을 위한 한글 발음 표기 및 필수 단어 수록.

4×6판 변형 / 264쪽 / 6,500원

필수 여행중국어회화
이은진 지음

다양한 인종과 문화, 근대와 현대가 공존하는 중국을 경험하기 위해 출발하는 중국어 경험자와 초보자를 위한 회화 길라잡이서. 중국에서의 생활이나 여행에 꼭 필요한 상황별 회화, 반드시 알아야 할 1500여 개의 단어에 한자병음과 우리말 표기를 원음에 가깝게 달아 놓았으므로 든든한 도우미가 되어 줄 것이다.

4×6판 변형 / 256쪽 / 7,000원

스포츠

수열이의 브라질 축구 탐방 삼바 축구, 그들은 강하다
이수열 지음

축구에 대한 관심만으로 각 나라의 축구팀, 특히 브라질 축구팀에 애정을 가지고 브라질 축구팀의 전력 및 각 선수들의 장단점을 나름대로 분석하고 연구하여 자신의 의견을 피력하고 있는 축구 길라잡이서.

신국판 / 280쪽 / 8,500원

마라톤, 그 아름다운 도전을 향하여
빌 로저스 · 프리실라 웰치 · 조 헨더슨 공저 / 오인환 감수 / 지창영 옮김

마라톤에 입문하고자 하는 초보 주자들을 위한 마라톤 가이드서. 올바르게 달리는 법, 음식 조절법, 달리기 전 준비운동, 주자에게 맞는 프로그램 짜기, 부상 예방법을 상세하게 설명하고 있다. 4×6배판 / 320쪽 / 15,000원

레포츠

퍼팅 메커닉
이근택 지음
감각에 의존하는 기존 방식의 퍼팅은 이제 그만!!
저자 특유의 과학적 이론을 신체근육 운동학에 접목시켜 몸의 무리를 최소한
으로 덜고 최대한의 정확성과 거리감을 갖게 하는 새로운 퍼팅 메커닉 북.
4×6배판 변형 / 192쪽 / 18,000원

아마골프 가이드
정영호 지음
골프를 처음 시작하는 모든 아마추어 골퍼를 위해 보다 쉽고 빠르게 이해할
수 있도록 내용이 구성된 아마골프 레슨 프로그램서.
4×6배판 변형 / 216쪽 / 12,000원

인라인스케이팅 100%즐기기
임미숙 지음
레저 문화에 새로운 강자로 자리매김하고 있는 인라인 스케이팅을 안전하고
재미있게 즐길 수 있도록 알려주는 인라인 스케이팅 지침서. 각단계별 동작을
한눈에 알아볼 수 있도록 세부 동작별 일러스트 수록.
4×6배판 변형 / 172쪽 / 11,000원

배스낚시 테크닉
이종건 지음
현재 한국배스스쿨에서 강사로 활약하고 있는 아마추어 배스 낚시꾼이 중급
수준의 배스 낚시꾼들이 자신의 실력을 한 단계 업그레이드 시킬 수 있도록
루어의 활용, 응용법 등을 상세하게 해설. 4×6배판 / 440쪽 / 20,000원

나도 디지털 전문가 될 수 있다!!!
이승훈 지음
깜찍한 디자인과 간편하게 휴대할 수 있다는 장점 때문에 새로운 생활필수품
으로 자리를 잡아가고 있는 디카·디캠을 짧은 시간 안에 쉽게 배울 수 있도
록 해놓은 초보자를 위한 디카·디캠길라잡이서.
4×6배판 / 320쪽 / 19,200원

스키 100% 즐기기
김동환 지음
스키 인구의 확산 추세에 따라 스키의 기초 이론 및 기본 동작부터 상급의 기
술까지 단계별 동작을 전문가의 동작사진을 곁들여 내용 구성.
4×6배판 변형 / 184쪽 / 12,000원

태권도 총론
하웅의 지음
우리의 국기 태권도에 관한 실용 이론서. 지도자가 알아야 할 사항, 태권도장
운영이론, 응급처치법 및 태권도 경기규칙 등 필수 내용만 수록.
4×6배판 / 288쪽 / 15,000원

건강하고 아름다운 동양란 기르기
난마을 지음
동양란 재배의 첫걸음부터 전시회 출품까지 동양란의 모든 것 수록. 동양란의
구조·특징·종류·감상법, 꽃대 관리·꽃 피우기·발색 요령 등 건강하고
아름다운 동양란 만들기로 구성. 4×6배판 변형 / 184쪽 / 12,000원

수영 100% 즐기기
김종만 지음
물 적응하기부터 수영용품, 수영과 건강, 응용수영 및 고급 수영기술에 이르
기까지 주옥 같은 수중촬영 연속사진으로 자세히 설명해 주는 수영기법
Q&A. 4×6배판 변형 / 252쪽 / 13,000원

수영 100% 즐기기

2004년 3월 2일 제1판 1쇄 발행
2009년 10월 5일 제1판 11쇄 발행

지은이/김종만
펴낸이/강선희
펴낸곳/가림출판사

등록/1992. 10. 6. 제4-191호
주소/서울시 광진구 구의동 57-71 부원빌딩 4층
대표전화/458-6451 팩스/458-6450
홈페이지 http://www.galim.co.kr
전자우편 galim@galim.co.kr

값 13,000원

ISBN 978-89-7895-160-9 03690

가림출판사 · 가림M&B · 가림Let's 의 홈페이지(http://www.galim.co.kr)에 들
어오시면 가림출판사 · 가림M&B · 가림Let's의 신간도서 및 출간 예정 도서를
포함한 모든 책들을 만나실 수 있습니다.
온라인 서점을 통하여 직접 도서 구입도 하실 수 있으며 가림 홈페이지 내에서
전국 대형 서점들의 사이트에 링크하시어 종합 신간 안내 및 각종 도서 정보,
책과 관련된 문화 정보를 받아보실 수 있습니다.
또한 홈페이지 방문시 회원으로 가입하시면 신간 안내 자료를 보내드립니다.